给中产阶层的税收常识书

詹鹏宇　肖良林◎著

图书在版编目(CIP)数据

给中产阶层的税收常识书 / 詹鹏宇, 肖良林著. -- 北京：当代中国出版社, 2022.7
ISBN 978-7-5154-1163-7

Ⅰ.①给… Ⅱ.①詹… ②肖… Ⅲ.①个人所得税—税收管理—中国 Ⅳ.①F812.424

中国版本图书馆CIP数据核字（2022）第 015740 号

出 版 人	冀祥德
责任编辑	陈 莎
策划支持	华夏智库·张 杰
责任校对	康 莹
出版统筹	周海霞
封面设计	尚世视觉
出版发行	当代中国出版社
地 址	北京市地安门西大街旌勇里 8 号
网 址	http://www.ddzg.net 邮箱: ddzgcbs@sina.com
邮政编码	100009
编 辑 部	(010) 66572264　66572154　66572132　66572180
市 场 部	(010) 66572281　66572161　66572157　83221785
印 刷	三河市长城印刷有限公司
开 本	710 毫米 ×1000 毫米　1/16
印 张	13 印张　200 千字
版 次	2022 年 7 月第 1 版
印 次	2022 年 7 月第 1 次印刷
定 价	58.00 元

版权所有，翻版必究；如有印装质量问题，请拨打（010）66572159 联系出版部调换。

前言

一直以来,中产阶层都是人们羡慕的对象,他们有车有房,生活富足,家庭和美。然而在这表面光鲜的背后,中产阶层同样面临着税收问题。

依法纳税是每个公民应尽的义务。2020年新的个人所得税法实施以来,正确认识和处理税收问题成为绝大多数人的必修课。而对处于财富分配中层的人士来说,这一问题尤为重要。

不管是征税,还是纳税,总是最先触动中产阶层的神经,因为跟低收入群体相比,中产阶层会被更多的税负包围;而与富人阶层相比,中产阶层对税负的承受能力也更加敏感。作为一个处于中产阶层的人,在开办企业或领取薪酬或者购房、购车、炒股等时候,在一笔笔款项从自己的钱包或银行账户进进出出之际,甚至连他自己都不知道自己已经缴纳了几个税目的多少税款。

近年来,"中产"一直是国内热捧的一个话题。中国社会科学院的研究报告指出,中产阶层在中国人口中所占比例为23%,也就是说,在13

亿人口中,大约有 3 亿人已属于中产之列。①

培育中产是个庞大的系统工程,税收问题是其中的重要一环。缺乏税收筹划途径的人,无法充分享受税收优惠,导致税收杠杆失灵,缴了不应缴的税款;而有税收筹划思维或途径的人,比如资产较多的人,尤其是商业贸易等领域的企业主,则成了民间"减税"的活跃群体。

为了帮助中产阶层解决缴税及合理合法避税的问题,我们特意编写了本书。该书分上下两篇,上篇从中产阶层的税负现状入手,简述了中产阶层主要面临的税收问题;下篇主要介绍了中产阶层必知的主要税种,比如增值税、消费税、个人所得税、资源税、城镇土地使用税、城市维护建设税等。

本书讲解内容重点突出,语言简洁易懂,是中产阶层补充税收知识的理想用书。

---

① 中产的标准至今仍无定论,本书仅采用中国社会科学院数据进行推算。

目录

上篇 中产阶层的税务问题 / 1

第一章 新个人所得税时代，中产阶层的税收负担 / 2

一、为什么中产阶层交的税比富人还多 / 2

二、那些看不见的收费 / 5

三、个人所得税调整 / 9

第二章 做好税务筹划，更加合理节税 / 11

一、中产阶层税务问题的主要内容 / 11

二、中产阶层税务筹划的基本方法 / 17

三、中产阶层的税务筹划方案 / 19

四、工资越高，越需要做好税务筹划 / 22

下篇 中产阶层须知的税收种类 / 25

第三章 中产阶层须知的主要税种（一）：增值税 / 26

一、中产阶层必备的税收常识 / 26

二、中产阶层税收常见问题答疑 / 43

第四章　中产阶层须知的主要税种（二）：消费税 / 51

　　一、中产阶层必备的税收常识 / 51

　　二、中产阶层税收常见问题答疑 / 63

第五章　中产阶层须知的主要税种（三）：个人所得税 / 67

　　一、中产阶层必备的税收常识 / 67

　　二、中产阶层税收常见问题答疑 / 80

第六章　中产阶层须知的主要税种（四）：资源税 / 83

　　一、中产阶层必备的税收常识 / 83

　　二、中产阶层税收常见问题答疑 / 89

第七章　中产阶层须知的主要税种（五）：城镇土地使用税 / 94

　　一、中产阶层必备的税收常识 / 94

　　二、中产阶层税收常见问题答疑 / 99

第八章　中产阶层须知的主要税种（六）：城市维护建设税 / 103

　　一、中产阶层必备的税收常识 / 103

　　二、中产阶层税收常见问题答疑 / 108

第九章　中产阶层须知的主要税种（七）：耕地占用税 / 110

　　一、中产阶层必备的税收常识 / 110

　　二、中产阶层耕地占用税常见问题答疑 / 117

第十章　中产阶层须知的主要税种（八）：土地增值税 / 122

　　一、中产阶层必备的税收常识 / 122

　　二、中产阶层税收常见问题答疑 / 131

第十一章　中产阶层须知的主要税种（九）：房产税 / 138

一、中产阶层必备的税收常识 / 138

二、中产阶层税收常见问题答疑 / 147

第十二章　中产阶层须知的主要税种（十）：车船使用税 / 150

一、中产阶层必备的税收常识 / 150

二、中产阶层税收常见问题答疑 / 157

第十三章　中产阶层须知的主要税种（十一）：印花税 / 160

一、中产阶层必备的税收常识 / 160

二、印花税的计算方法 / 163

三、中产阶层税收常见问题答疑 / 164

第十四章　中产阶层须知的主要税种（十二）：契税 / 167

一、中产阶层必备的税收常识 / 167

二、中产阶层税收常见问题答疑 / 172

第十五章　中产阶层须知的主要税种（十三）：关税 / 176

一、中产阶层必备的税收常识 / 176

二、中产阶层税收常见问题答疑 / 192

参考文献 /194

上篇
中产阶层的税务问题

第一章　新个人所得税时代，中产阶层的税收负担

一、为什么中产阶层交的税比富人还多

我国个人所得税制度属于分类所得税制，包括工资薪金、劳务报酬、稿酬、特许权使用费、承包经营、承租经营、利息股息红利、财产租赁、财产转让、偶然所得及其他。居民个人取得第1项至第4项所得为综合所得，按纳税年度合并计算个人所得税。

其中，老百姓最关注的工薪个人所得税采取超额累进税率。梳理我国近年来个人所得税改革进程，有2005年、2007年、2011年、2018年4个关键节点。2005年和2007年个人所得税改革均以起征点上调为主，2011年9月国务院提高工薪个人所得税起征点至3500元，将此前的9级税率缩减到7级，税率范围为3%~45%。从调整效果来看，中低收入群体税率普遍有所下降，而部分高收入群体税率有所上升。

2018年个人所得税改革不仅包含起征点、税率级距调整，也包含专项抵扣范围的扩大。起征点从3500元提升到5000元，7级税率保持不变，

扩大了 3%、10%、20% 三档低税率的级距，缩小 25% 档税率的级距，即应纳税所得额在 9000 元至 25000 元的部分并入 20% 税率这一档次，30%、35%、45% 三档较高税率级距保持不变。增加了子女教育、继续教育、大病医疗、住房贷款利息、住房租金、赡养老人支出 6 项专项附加扣除，覆盖了居民开支最大的教育、养老、住房和医疗 4 个方面。

2018 年的税率改革是超出市场预期的，个人所得税起征点上调且高收入群体的纳税规则没有发生变化，因此对全体纳税人而言税负呈下降趋势。

历次个人所得税的调整对居民可支配收入、消费支出、社会消费品零售总额的增速均有拉动作用，个人所得税的调整有利于直接增加居民可支配收入，刺激消费需求。这些年虽然采取了个人所得税起征点提高、调整税率级距等改进措施，但与当前经济发展水平提升、居民收入方式变化等新形势已不适应。根据国家统计局数据，2011 年城镇居民人均可支配收入为 21810 元，2016 年这一数字为 33616 元，相比 2011 年增长约 54%。

当下，我国不仅工薪税率过高，且实行超额累进税率，税率级距窄，不利于吸引高端人才和培育中产阶层。目前，这一问题已较为突出，需要尽快调整。比如工薪收入在扣除基本费用 5000 元以及专项扣除、专项附加扣除和依法确定的其他扣除后，余额超过 144000~300000 元的部分，税率就由 10% 直接跳到了 20%；超过 300000~420000 元部分的税率升为 25%。因为，如果税率档次间隔太窄，随着收入升高，税率升幅较大，不利于培育中产阶层。

例如，金融机构的一名普通员工，税后月入9000多元，缴纳个人所得税1000多元，房租占了工资的1/3，基本存不下钱，更不用奢望买房。由此看，目前144000~300000元部分适用20%的税率太高了。

个人所得税目前的超额累进分级不利于中产阶层形成。随着近些年个人收入增加，使得应纳税所得额超过144000元部分的税率直接从10%跳至20%，导致中等收入者税负明显增加。国家既然提出扩大中等收入者比重，就应该对个人所得税税率进行再调整。

我国个人所得税以工薪税为主，且中高收入工薪阶层贡献较大，工薪收入缴纳的个人所得税占比在65%左右。普通工薪收入者纳税较少，而中高工薪收入者的纳税较多。比如2016年北京市年收入20万元以上的工薪收入者占全部工薪收入者的比重为5.3%，缴纳税款占总税款比重为77.3%。其中，年收入50万元以上的工薪收入者占全部工薪收入者的比重仅为1.1%，缴纳税款占比为46.4%。

虽然笔者没有研究过"月收入超过38500元的人群所占比例为多少""如果贫困没有限制我的想象""月收入超过38500元的人群"等问题，但有一句话引起了笔者的注意：富人缴纳个人所得税并不多。想想看，现在的富人阶层，有相当一部分人是企业高管甚至创始人，他们的月薪"低"得可怜，有月薪1元的，年薪1元的，甚至0元年薪的。

京东集团董事长兼CEO刘强东在和章泽天结婚前一天（2015年8月8日）宣布，自己未来十年的年薪降至1元。

平安集团董事长兼CEO马明哲在6616.6万元高年薪后，在2009年宣布,将领取"零元年薪"。

……

如此看来,大企业老板的年薪少得"可怜",远未达到缴纳个人所得税的标准。那么,他们为什么这么做呢?真的拿"1元年薪"吗?虽然,拿"1元年薪"确有其事,但"1元年薪"并不能养活自己!况且,从他们的吃穿住行来看,消费水平并不低。

其实,这一切的背后是有秘密的,即他们将个人所得税的开销都算在企业上,成功躲避了个人所得税。虽然很多人都这样做,但也有人看不惯,如格力集团老总董明珠,自曝年薪500万元,交个人所得税200万元。她抨击那些"1元年薪"的人,说那只是一种避税手段。

二、那些看不见的收费

2001年,王府井书店曾经为消费者进行了一个十分贴心的小创举,在购物小票上,分列了价款金额和税款金额。比如标价100元的图书,小票清楚地标示:价款金额87元,税款金额13元。其实,在国外这种现象很常见。但出人意料的是,王府井书店的这一做法遇到了麻烦,很多消费者质疑:为什么买书还要纳税?是不是书店将企业税转嫁到了消费者身上?最终王府井书店不胜其烦,放弃了对购物者进行中产阶层教育的机会。由此看来连读书人都不能理解自己在消费活动中的纳税行为,更不用说其他了。

举个例子,周先生和妻子都喜欢看书,也经常会给孩子买一些课外

书。两人几乎每个月都会去一趟书店,几天前,他俩又买回了十几本书,花费近500元。周先生还另外挑了3张CD,总价200多元。在这笔总计700多元的消费中,包含着70多元的增值税(500×9%+200×13%,图书的增值税税率为9%,电子音像制品增值税税率为13%)。

所谓增值税,就是从原材料到商品成品的过程中,对每一个增值环节所征收的税。例如:书是从一张张纸的生产开始,到作者一个个字写到几十万字,再到出版社运作使其增值。增值税的基本税率为13%,周先生每月购物支出约4000元,他每月的增值税支出就超过了500元。

此外,中国还对特定的消费品和消费行为加征消费税。消费税不仅是国家组织财政收入的手段,它还有调节市场的供求,引导消费的方向,缓解社会成员之间的分配不均的作用。

根据《中华人民共和国消费税暂行条例》以及相关法规通知,消费税的征收范围包括烟、酒、鞭炮、焰火、化妆品、贵重首饰及珠宝玉石、成品油、高尔夫球及球具、高档手表、游艇、木制一次性筷子、实木地板、摩托车、小汽车、铅蓄电池和涂料等税目,消费税又分为比例税率、定额税率和复合税率。其中比例税率最低为1%,最高为56%。

(一)隐蔽的税种

目前,征税主要依据的法律是《中华人民共和国个人所得税法》,它规定人们从工资到稿酬以及到偶然所得的各种收入都必须纳税。如果想知道个人的缴税明细,中国大陆公民可以主动到相关部门申请获取详情。

2018年12月31日,由国家税务总局开发的个人所得税App软件正式上线使用，扣缴客户端也同时向社会开放。通过手机App，纳税人可以办理专项附加扣除信息采集年度申报、完税信息查询等业务。当电子完税证明打印和下载等办税信息查询以及本人身份信息疑似被冒用时，纳税人可以发起争议核实，申请税务机关核实处理等，极大地方便了纳税人。

而更多的税种对于公民来说是"隐蔽"的。比如增值税，该税征收范围包括"所有的工业生产环节、商业批发和零售环节及提供加工、修理修配的劳务以及进口货物"，也就是说，一个商品在生产和商业流通中的每一步都要分别缴税，消费者只要购买它，就需缴纳商品价格13%、9%或者6%（增值税税率）的税款。比如你购买了一袋价格为2元的盐，该价格里就包含约0.3元的增值税。消费者每天都在消费，却不知道自己在消费的同时已经开始纳税了。

在现实社会中，几乎没有能完全自给自足的个人，或多或少都要购买自己不能生产的消费品。因此，个体的消费活动和企业的生产活动、销售活动一样，都在纳税，只不过有些是直接纳了税，有些是间接交了税，但归根结底，对企业的征税，通常都可以转嫁到消费者身上。如增值税和消费税等由企业承担的税项，出厂前就会被列为产品成本。关税，表面上是对进口商品征收，实际上被企业通过提高商品售价或劳务价格等方法转嫁出去，最终由消费者承担。这就是间接税的本质，纳税人能将税负转嫁给他人负担。

这些"隐蔽"税种的"曝光"，取决于政府和商家是否愿意将其透明化。几乎没有人能准确估算自己纳了多少税，或预计自己以后还会遇到什

么新税种。就目前来说，我国政府部门对税收政策仍以"开缴""劝缴"为主。目前，中国共有18种个人所得税种，立法的分别有个人所得税和企业所得税、车船税、环境保护税、烟叶税、船舶吨位税、车辆购置税等11种，其余的如房产税等都是以行政法规保证其强制性。税务部门征收的还包括社会保险费和非税收入，其中水土保持补偿费、地方水库移民扶持基金、排污权出让收入、防空地下室易地建设费自2021年1月1日开始划转至税务部门征收。

（二）看不见的收费

北京有家媒体曾为个人缴税进行了较细致的估算：一个人在北京买房，付款中地价约占30%，税收约占17%。实际上，转嫁给消费者的开发商缴纳税项税收约占13%，购房者自行缴纳约占4%，大约47%的购房款交给了国家。

增值税、个人所得税、购房契税等税目，无论如何还是名副其实的税负，而更多的税负支出是人们看不见的行政性收费。

在中国，除了目前两个法定的征税部门——税务局和海关征收的各类税目外，更多的收入负担性支出是以收费的形式出现的，如工商、环保、质检、公安、卫生、教育、交通等部门的行政性收费。仅以交通出行为例，私家车有过桥费、保险费，乘坐出租车有燃油附加费，乘坐飞机有机场建设费……

这些形形色色的收费项目到底有多少呢？

我国税制与国外税制有一个重要的区别，就是政府的财政收入除税收之外，还有国有资产收益、国债收入和收费收入以及其他收入。把这些财政收入加起来与 GDP 相比较，才是真正的宏观税负。近年来，随着税收营商环境的再优化，便民高效的非税收入征缴体制的推行，提升了缴费人的获得感和满意度，部分非税收入的征管职责逐渐向税务部门转移。比如自 2021 年 1 月 1 日起，水土保持补偿费、地方水库移民扶持基金、排污权出让收入、防空地下室易地建设费 4 项非税收入划转至税务部门征收。

在此情况下，中国的劳动者、包括收取工资薪酬的员工以及他们的上司，更需要提高对收入进行税务的估算和规划的能力或向专业人员寻求帮助。据了解，北京、广州和上海等城市年收入达到 10 万元以上、20 万元以下的雇员群体中，没有一个有专业税务人士帮助的经历与意愿。

三、个人所得税调整

加强高收入者个人所得税征管，是主管部门为应对即将实施的新个人所得税方案而采取的措施。

随着相关政策的即将出台，增加了对个人所得税起征点的讨论。在诸多信息中，有一则报道非常值得关注：国家税务总局下发通知，要求切实加强高收入者个人所得税征管。就此，国家税务总局所得税司有关负责人还专门回答了记者提问。虽说不管针对什么人群都有必要加强税收征管，但国税总局此次特别"关照"高收入人群，可见情况不同一般。不难预计，在这方面有关部门马上也会实行强有力的具体行动。一方面将提高个人所得税起征点，另一方面要求切实加强高收入者个人所得税征管。这究

竟意味着什么？综合各种情况来看，国家税务总局下发这个通知具有很强的针对性。

政府更多的是从富人那里征税，这种做法符合税收作为调节经济、二次分配手段的公平原则。一直以来，公众舆论普遍认为，在实际运作中，征收个人所得税没有起到社会财富公平分配的杠杆作用，低收入者不征税，富人没感觉。工薪阶层逃不掉个人所得税征收，富人却可以通过各种方式逃避个人所得税征收的大网。如今，工薪阶层个人所得税负担可望有所降低，而高收入者也不再那么容易规避纳税义务。这既符合"国际惯例"，也有利于调解社会两极分化的矛盾。

不仅如此，在对"高收入者"如何界定的问题上也需要引起关注。从报道来看，所谓"高收入者"包括：以非劳动所得为主要收入来源的人群（如从事房地产、矿产资源投资、私募基金、信托投资等职业的高收入人群）、高收入行业工薪阶层，以及纳税人从两处或两处以上取得工资、薪金所得者等。由此可见，相关通知所指的"高收入者"，在一定程度上实际包括了收入偏低的中产阶层。

按照相关理论，纺锤形是社会稳定结构的一种形式。也就是说，中产阶层日渐壮大才是社会之福。作为社会财富二次分配手段的税收政策，自然也应朝着这个方向努力。个人所得税调整，不仅顺应了社会经济发展现状，也革除了旧版个人所得税政策之弊。但从目前情形来看，相关政策调整还应进一步到位，才能充分发挥个人所得税应有的积极功能。

第二章 做好税务筹划,更加合理节税

一、中产阶层税务问题的主要内容

(一)减税:用合理的手段,合理纳税

所谓"减税",指中产阶层在不违反税法规定的前提下,将纳税义务减至最低限度的行为。具体方法如下。

1. 利用通信费、交通费、差旅费、午餐费发票等进行"减税"

我国税法规定:凡是以现金形式发放通讯补贴、交通费补贴、餐费补贴的,视为工资薪金所得,计入计税基础,计算缴纳个人所得税。

凡是根据经济业务发生实质,并取得合法发票实报实销的,属于企业正常经营费用,不需缴纳个人所得税。所以,中产阶层在报销通信费、交通费、差旅费、餐费时,应以实际、合法、有效的发票据实列支,实报实销,以免被误认为存在补贴性质,在一定程度上也能收到"减税"的效果。

2. 利用年终奖金实现"减税"

我国税法规定,实行年薪制和绩效工资的单位,中产阶层取得年终兑现的年薪和绩效工资按纳税人取得的全年一次性奖金,单独作为一个月工

资、薪金所得计算纳税。但中产阶层取得除全年一次性奖金以外的其他各种名目奖金，比如半年奖、季度奖、加班奖、先进奖、考勤奖等，还须与当月工资、薪金收入合并，按税法规定缴纳个人所得税。这也为中产阶层提供了"减税"的方法。

根据国税发〔2005〕9号文优惠政策的规定，中产阶层可以以牺牲一部分半年奖、季度奖、加班奖、先进奖、考勤奖作为代价，要求单位发放年终奖金，实现"减税"。比如在同一个月发"一次性奖金"和"年末最终薪水"时，可以将两个奖金合并除以12来确定税率和扣除额。但要注意在一个纳税年度内，对每一个中产阶层来说，该计税办法只允许采用一次。

3. 企业提高职工公共福利支出实现"减税"

企业可以采用非货币支付的方法来提高职工公共福利支出，比如：免费为职工提供宿舍（公寓）、免费为员工提供交通工具、为职工提供免费用餐等。企业替员工支付这些费用，就能减少企业所得税应纳税所得额；同时，还能为员工减少部分应由个人负担的税款。一举两得。

4. 利用级差扣除进行项目测算，筹划纳税

纳税人劳务报酬所得、稿酬所得、特许权使用费所得、财产租赁所得需要分级次减除必要费用，每次收入不足4000元的，必要费用为800元；超过4000元的，必要费用为每次收入额×（1%~20%）。在取得相应业务后，可以根据收入额合理筹划，订立相关合同，争取利润最大化。

（二）节税：利用国家优惠政策，不缴不应缴的税

纳税是每个中产阶层的义务，不管是谁，都必须依法纳税，这是国家相关的法律规定，任何人都不能随意逃税。但是，通过一些正确的方法，是可以合理节税的。

中产阶层在节税时，需要找到正确的方法才可以取得好的效果。具体节税方法如下。

1. 巧用公积金节税

根据个人所得税法的有关规定，工薪阶层个人每月所缴纳的住房公积金是从税前扣除的，也就是说按标准缴纳的住房公积金是不用纳税的。同时，职工是可以缴纳补充公积金的。所以，中产阶层提高公积金缴存还是存在一定空间的，中产阶层巧用公积金节税是合理可行的。但需要强调的是，利用个人缴纳补充公积金进行节税时，需要注意两个问题：一是中产阶层要在所在单位开立个人补充公积金账户；二是中产阶层每月缴纳的补充公积金虽然节税，但不能随便支取，只是固化了个人资产。

2. 利用捐赠进行税前抵减以实现节税

中产阶层将其所得通过中国境内的社会团体、国家机关向教育和其他社会公益事业以及遭受严重自然灾害地区、贫困地区进行捐赠，金额未超过纳税人申报的应纳税所得额30%的部分，可以从其应纳税所得额中扣除。也就是说，中产阶层在捐赠时，只有在捐赠方式、捐赠款投向、捐赠额度上同时符合法规规定时，才能使这部分捐赠款免缴个人所得税。计算公式为：捐赠限额 = 应纳税所得额 × 30%，允许扣除的捐赠额 = 实际捐赠额（≤捐赠限额）。

3. 理财可选择的节税产品的种类

随着市场的发展，金融领域不断推出新的理财产品。很多理财产品不仅收益比储蓄高，还不用纳税。比如投资基金、购买国债、买保险、教育储蓄等，不一而足。种类多样的理财产品给中产阶层提供了更多的选择，慎重思考后再选择，不仅能节税，还能合理分散资产，增加收益的稳定性和抗风险性，这是现代人理财的智慧之举。

4. 利用国家给予的时间差节税

中产阶层买卖股票或基金获得的差价收入，按照现行税收规定均不用缴纳个人所得税，这是目前针对个人财产转让所得中较少的几种暂不用缴纳个人所得税的项目之一。中产阶层可以选择适合自己的股票或基金进行买卖，通过低买高卖获得差价收入，间接实现节税。但许多中产阶层不是专业金融人员，不具备专业知识，采用此种方式时需向行家里手请教，进行相关知识的学习，谨慎行事。

5. 利用税收优惠政策

税收优惠政策，用现在比较通用的说法叫作税式支出或税收支出，是政府为了扶持某些特定地区、行业、企业和业务的发展，或对某些具有实际困难的中产阶层的照顾，通过一些制度上的安排，给予某些特定中产阶层特殊的税收政策。比如免除其应缴纳的全部或部分税款，或按照其缴纳税款的一定比例给予返还等。一般来说，税收优惠的形式有：税收豁免、免征额、起征点、税收扣除、优惠退税、加速折旧、优惠税率、盈亏相抵、税收饶让、延期纳税等。这种在税法中用以减轻某些特定中产阶层税收负担的规定，就是税收优惠政策。

（三）转嫁：将税负转嫁给他人，以减轻自身税负

税负转嫁是指，中产阶层将所缴纳的税款通过各种途径、方式转由他人负担的行为和过程。最终承担税款的人被称为负税人。在市场经济条件下，中产阶层在商品交换过程中通过税负转嫁的方式来追求自身利益的最大化，是一种普通的经济现象。

税负转嫁方式主要有前转、后转、混转、旁转、消转、税收资本化等方式。

1. 前转

前转指的是中产阶层将其所纳税款顺着商品流转方向，通过提高商品价格的办法，转嫁给商品的购买者或最终消费者。前转是卖方将税负转嫁给买方负担，通常通过提高商品售价的办法来实现。这种情况下，卖方可能是制造商、批发商或零售商，买方也可能是制造商、批发商、零售商，但税负最终主要转嫁给消费者负担。由于前转是顺着商品流转顺序从生产到零售再到消费的，因而也叫顺转。

前转的过程可能是一次，也可能经过多次，同时前转顺利与否要受到商品供求弹性的制约。税负前转实现的基本前提条件是课税商品的需求弹性小于供给弹性。当需求弹性大时，转嫁较难进行；供给弹性大时，转嫁容易进行。

2. 后转

后转指的是中产阶层将其所纳税款逆商品流转的方向，以压低购进商品价格的办法，向后转移给商品的提供者。比如，对某种商品在零售环节

征税，零售商将所纳税款通过压低进货价格，把税负逆转给批发商，批发商又以同样的方式把税负逆转给制造商，制造商再以同样方式压低生产要素价格，把税负逆转于生产要素供应者负担。税负后转实现的前提条件是供给方提供的商品需求弹性较大，而供给弹性较小。在有些情况下，尽管已实现了税负前转，仍会发生后转的现象。

3. 混转

混转又叫散转，是指中产阶层将自己缴纳的税款分散转嫁给多方负担。混转是在税款既不能完全向前顺转，又不能完全向后逆转的情况下采用的。比如，织布厂将税负一部分通过提高布匹价格的办法转嫁给印染厂，一部分通过压低棉纱购进价格的办法转嫁给纱厂，还有一部分则通过降低工资的办法转嫁给本厂职工等。严格地说，混转并不是一种独立的税负转嫁方式，而是前转与后转等方式的结合。

4. 旁转

旁转指的是中产阶层将税负转嫁给商品购买者和供应者以外的其他人。比如，中产阶层用压低运输价格的办法将某课税对象的税负转嫁给运输者。

5. 消转

消转指的是中产阶层用降低课税品成本的办法使税负在新增利润中求得抵补的转嫁方式，即中产阶层在不提高售价的前提下，以改进生产技术、提高工作效率、节约原材料、降低生产成本等方式，将所缴纳的税款在所增利润中求得补偿的一种转嫁方式。因为它既不是提高价格的前转，也不是压低价格的后转,而是通过改善经营管理、提高劳动生产率等措施来降低成本、增加利润,使税负从中得到抵消,所以称之为消转。

6. 税收资本化

税收资本化亦称"赋税折入资本""赋税资本化""税负资本化",是税负转嫁的一种特殊方式,即中产阶层以压低资本品购买价格的方法将所购资本品可预见的未来应纳税款,从所购资本品的价格中作一次扣除,从而将未来应纳税款全部或部分转嫁给资本品出卖者。

二、中产阶层税务筹划的基本方法

税务筹划的工作对于中产阶层的发展来说至关重要,如果个人想要发展得好,就要合理地进行税务筹划。如今,个人的纳税压力很重,中产阶层如果能够合理地进行税务筹划,就可以在一定程度上减轻自己的纳税压力。

成功地开展个人税务筹划,有利于降低个人所需要承担的税负,特别是对中产阶层来说。通过税务筹划,不仅能大大降低税负,也可以帮助中产阶层排除一些税务上的风险,在个人的收益上也能更安全。一般情况下,开展税务筹划主要靠税务筹划公司,但是也有人选择通过自己所了解的相关知识进行税务筹划,这里给大家介绍一些关于个人税务筹划的常见方法。

(一)有效利用专项附加扣除

在个人税务筹划的方法中,此类方法算是比较简单的一种,也存在许多可选择的因素。比如自身的一些再教育费用,以及父母的赡养费用、子

女的教育费用、购买理财或国债等费用,都可以用来进行附加扣除。当然,这些费用是有一定限额的,所以在进行抵扣的时候也需注意限额。

(二)合理分割工资薪金和年终奖

如今我国的个人所得税是按照超额累进税率计算的,也就是达到一定的金额后,会提升一定的税率。因而获得薪金或获得年终奖后,可以将部分超额的金额削减到某个额度下,帮助个人减少一定的税负。

(三)补贴费用合理转化

我国个人所得税法规定,个人的补贴需要按照工资、薪金的方式进行个人所得税的征收,因此在企业发放一些福利或补贴的时候,可以考虑将这些补贴费用合理地转化为实际的消费。比如个人的住房补贴,将补贴的费用转化为实际的房屋补贴给员工,不仅可以为员工节税,也可以帮助企业获得一些专用发票。

(四)收入的名义转换

对于一些企业的高管来说,个人的工资普遍较高,适用的税率也就相对较高。因此可以将他们在公司的工资薪金收入转换为企业的股息红利,而股息红利按照我国个人所得税法的规定,税率相对较低,可以让其通过名义的转化,降低个人的所得税税负。

(五)合理地享受税收优惠政策

国家的发展既有严格的一面,也有人性化的一面。也就是说,法律虽然要求中产阶层依法纳税,但也会制定一些基本的税收优惠政策来减轻他们的纳税压力。因此,个人税务筹划的基本方法中比较好的一种方法就是直接享受相关的税收优惠政策，再根据基本税收优惠政策来实现个人的合理"减税"，让中产阶层发展得越来越好。

（六）合理设立个人独资企业

由于个人独资企业的税率很低，因此在合理"减税"的时候，中产阶层可以直接设立个人独资企业，将自己的收入转到个人独资企业中，可以在一定程度上实现合理"减税"，但一般情况下个人独资企业在设立的时候需要在优质的税收洼地上进行。

（七）购买可以"减税"的理财产品

生活中有比较多的理财产品是可以合理地进行"减税"的。中产阶层如果想实现合理的"减税"，可以直接购买一些"减税"的理财产品，而后通过这些理财产品来实现个人的合理"减税"。

个人合理"减税"的方法有很多，以上这些方法是个人税务筹划的基本方法，每一个方法相关的减税效果都非常不错，比较适合中产阶层进行税务筹划。但是，中产阶层在筹划税务的时候需要在法律允许的范围内进行。

三、中产阶层的税务筹划方案

中国的个人所得税属于世界上少有的分类所得税制，目前具体分为9类，分别是工资、薪金所得；劳务报酬所得；稿酬所得；特许权使用费所得；经营所得；利息、股息、红利所得；财产租赁所得；财产转让所得；偶然所得。居民个人取得前款第1项至第4项所得为综合所得，按纳税年

度合并计算个人所得税。其中,普通大众最为熟悉的就是工资、薪金所得。自 2018 年 10 月 1 日起,新个人所得税法施行最新起征点和税率,起征点为每月 5000 元。10 月 1 日至 12 月 31 日,纳税人的工资、薪金所得,银行以每月收入额减除费用 5000 元及专项扣除和依法确定的其他扣除后余额为应纳税所得额,采取 7 级累进税率(3%~45%)征收,按照现行个人所得税税率纳税。月所得在 8 万元(年所得 96 万元)以上税率达到 30%,年薪百万的高管实际拿到手只有 70 多万元(未考虑专项附加扣除额)。

个人所得税偏高成为目前国内的普遍性问题,尤其生活在北上广深一线城市的中产阶层,房租、房贷、孩子上学,生活成本太高。在知乎上输入"个人所得税"查询后就能看到诸多抱怨和吐槽。

再举一个案例:

杨小姐在北京一家互联网企业从事销售工作,月收入 3 万元,年收入 36 万元,每月需要缴纳的个人所得税为 664.17 元,净收入为 26474.83 元,如表 2-1 所示。

表 2-1 杨小姐每月需缴纳的个人所得税明细

		社保个人所得税按工资实际金额缴纳(元)	社保按最低基数缴纳,个人所得税正常缴纳(元)	社保按最低基数缴纳,个人所得税不缴纳(元)
社保	个人	2861	682	682
	企业	6866	1637	1637
个人所得税		664.17	729.54	0
到手工资		26474.83	28588.46	29318

从表格中可以看出,个人所得税、社保采用不同的缴纳方式,对员工个人和公司的影响较大。

从公司角度看，如果社保和个人所得税按工资实际金额缴纳，公司不仅需要支付杨小姐3万元的工资，还需要承担6866元的高额社保成本。

从员工个人看，不管是按实缴纳还是按社保最低基数缴纳，员工的个人所得税都偏高。

高额的个人所得税让员工和公司都承受了巨大压力，因此，合理合法地降低个人所得税，提高员工的个人收入，降低公司的综合人力成本是绝大多数人的需求。

其实，很多企业都在想方设法"减税"，常见的方式有：买发票、虚增成本、虚增人头等。在营改增、金税三期的大背景之下，这种高风险的"减税"方式俨然已经成为企业随时可能爆炸的定时炸弹。

在大众创业、万众创新的时代，国家为了鼓励创业、扶持中小微企业，相继推出了各种税收优惠政策。为了顺应国家政策，协助高管、创业者、自由职业者等高收入人群进行合理纳税的税收工具"99企帮"应运而生。

仍以上文杨小姐为例：

假设杨小姐月收入3万元，年收入36万元，通过"99企帮"制订相关税筹方案，可以改变员工与公司之间的劳务关系，将原本的全额劳动合同关系转变为基础劳动合同+服务合同的关系。杨小姐在改变合同模式后，把3万元的收入分成 两部分，一部分每月按照劳动合同约定的基本工资5000元支付给杨小姐，另一部分按照服务费形式支付给杨小姐设立的个人独资企业。

根据国家相关税收优惠政策，杨小姐每月仅需要缴纳278元税金，

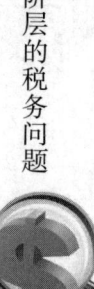

净收入为 29722 元，相比此前的税后工资 26474.83 元，月收入提高了 3247.17 元。且综合税率仅 0.96%，收入越高对比效果越明显！

记住：税务筹划不是逃税漏税，一定要在税法允许的范围内降低税负。一切税务筹划都是以改变商业模式为前提，通过商业模式的小变动，进而取得较明显的激励效果。

四、工资越高，越需要做好税务筹划

随着社会的不断发展，我国人均收入水平不断提高，国内一线城市人均收入已经接近中等发达国家水平。高收入人群也越来越多，这就意味着要交高额的个人所得税。因此，如何降低自身的个人所得税，是目前高收入人群面临的最迫切的问题。

现在，我们就从以下三个方面进行分析。

（一）高收入人群特征及分布

民营经济作为我国市场经济的重要组成部分，解决了我国 80% 以上的城镇人口就业问题。随着国家越来越重视民营经济发展，在企业设立、投资、融资等方面给予了一系列优惠政策，民营经济形势一片向好，企业的收入也越来越高。

目前，高收入人群主要为私营企业人群、大中型企业股东及董监高、明星网红等，这类人群一般年收入会达到 100 万元以上，其中部分人群通过高额片酬、股权激励、风投对赌协议等，年收入可能达到上千万元。

私营企业主要分布在民营经济比较发达的江浙地区以及一些新一线城

市，比如青岛、武汉、东莞等。

大中型企业股东及董监高主要分布在一线城市：如北京、上海、深圳、广州等经济发达城市，这类地区是上市公司的总部、跨国集团的区域总部以及一些崛起的新兴行业的发源地。全国个人所得税缴纳前六名的城市，正是因为这些城市高收入人群较多，缴纳的个人所得税也随之增加。

（二）税务筹划的必要性

从高收入人群的分布特征可以看出，国内的高收入人群主要是：私营企业主、大中型企业董监高以及明星网红等。根据实施的《中华人民共和国个人所得税法》，个人所得税税率如下：

1.综合所得，适用3%~45%的超额累进税率；

2.经营所得，适用5%~35%的超额累进税率（可申请核定征收）；

3.利息、股息、红利所得，财产租赁所得，财产转让所得和偶然所得，适用比例税率，税率为20%。以综合所得为例，年收入100万元左右的高收入人群，所得税税率高达45%。因此可通过合理的税务筹划手段进行合理合法减税，提高自身收入。

（三）税务筹划方案及效果

高额的个人所得税是当下高收入人群不得不面对的现实问题。如何合理合法降低个人所得税，提高自身收入是值得探讨的问题。

传统用工模式下，企业雇用对应行业资深技术或管理人才，支付高额的个人工资薪金，并全额缴纳个人所得税，这会导致企业用工成本过高，员工实际到手工资薪金达不到自身的需求。因此，需要改变传统的用工模

式。新的用工模式是：将雇用关系转变成合作关系，个人工资薪金转变成个人独资企业的收入，同时将个人独资企业注册在税收洼地，并申请核定征收政策，通过个人独资企业缴纳生产经营所得税后，转变成个人收入。

下篇
中产阶层须知的税收种类

第三章　中产阶层须知的主要税种（一）：增值税

一、中产阶层必备的税收常识

（一）增值税的起征点以及计算

增值税是以商品（含应税劳务）在流转过程中产生的增值额作为计税依据而征收的一种流转税。从计税原理上说，增值税是对商品生产、流通、劳务服务中多个环节的新增价值或商品的附加值征收的一种流转税。

1. 增值税征收范围

依照《中华人民共和国增值税暂行条例》的规定，在中华人民共和国境内销售服务、无形资产或不动产的单位和个人，都在增值税征收范围之内。

销售服务，是指提供交通运输服务、邮政服务、电信服务、建筑服务、金融服务、现代服务、生活服务。销售无形资产，是指转让无形资产所有权或者使用权的业务活动。

无形资产，是指不具有实物形态，但能带来经济利益的资产，包括技术、商标、著作权、商誉、自然资源使用权和其他权益性无形资产。

销售不动产,是指转让不动产所有权的业务活动。不动产,是指不能移动或者移动后会引起性质、形状改变的财产,包括建筑物、构筑物等。

2. 增值税税率

增值税税率就是增值税税额占货物或应税劳务销售额的比率。现行增值税采用比例税率,根据应税行为,可以分为13%、9%、6%三档税率及5%、3%两档征收率。

回顾我国增值税税制改革情况,在1994年以前,只在生产环节征收增值税。1994年,国、地税分设,实行分税制,在生产、批发、零售环节普遍征收增值税。

2016年营改增全面实施之后,增值税税率共分为4档,分别是17%(主要适用于普通货物销售和加工修理修配)、11%(主要适用于农产品、天然气、自来水和提供交通运输业、邮政、基础电信、建筑、不动产租赁服务、销售不动产、转让土地使用权等)、13%和6%(主要适用于金融业、现代服务业、增值电信服务、生活服务业)。自2017年7月1日起,13%增值税税率取消,相关适用货物的增值税税率降至11%,因此增值税税率也减少为3档。

从2018年5月1日起,增值税率缩减合并至16%、10%、6%。深化增值税改革是2019年减税降费的重点,自2019年4月1日起,原适用16%税率的降为13%,原适用13%税率的降为9%(引自财政部、税务总局关于调整增值税税率的通知《财税〔2018〕32号》)。

(二)《增值税纳税申报表》的填写及注意事项

为贯彻落实党中央、国务院关于减税降费的决策部署,进一步优化纳

税服务，减轻纳税人负担，新的《增值税纳税申报表》（一般纳税人适用）从2019年4月1日起启用。纳税人申报需要填列《增值税纳税申报表》（一般纳税人适用）、《增值税纳税申报表附列资料（一）》（本期销售情况明细）、《增值税纳税申报表附列资料（二）》（本期进项税额明细）、《增值税纳税申报表附列资料（三）》（服务、不动产和无形资产扣除项目明细）、《增值税纳税申报表附列资料（四）》（税额抵减情况表）。

1.《增值税纳税申报表》的填报对象

（1）纳税申报表及其附列资料填写说明（以下简称"表中"及"填写说明"）适用于增值税一般纳税人（以下简称"纳税人"）。

（2）表中所称货物，是指增值税的应税货物。劳务，是指增值税的应税加工、修理、修配劳务。服务、不动产和无形资产，是指销售服务、不动产和无形资产。

（3）"本期销项税额"中的有关栏次，按下列要求填写：

①按适用税率计税销售额：填写纳税人本期按一般计税方法计算缴纳增值税的销售额，包含在财务上不做销售但按税法规定应缴纳增值税的视同销售和价外费用的销售额，外贸企业作价销售进料加工复出口货物的销售额，税务、财政、审计部门检查后按一般计税方法计算调整的销售额。

营业税改征增值税的纳税人，服务、不动产和无形资产有扣除项目的纳税人，本栏应填写扣除之前的不含税销售额。

a.应税货物销售额：填写纳税人本期按适用税率计算增值税的应税货物的销售额，包含在财务上不做销售但按税法规定应缴纳增值税的视同销售货物和价外费用销售额，以及外贸企业作价销售进料加工复出口货物的销售额。

b.应税劳务销售额：填写纳税人本期按适用税率计算增值税的应税劳务的销售额。

c.纳税检查调整的销售额：填写纳税人因税务、财政、审计部门检查，按一般计税方法在本期计算调整的销售额。但享受增值税即征即退政策的货物、劳务和服务、不动产、无形资产，经纳税检查后属于偷税的，不应填入"即征即退项目"列，而应填入"一般项目"列。

营业税改征增值税的纳税人，服务、不动产和无形资产有扣除项目的，本栏应填写扣除之前的不含税销售额。

②按简易办法计算销售额：填写纳税人本期按简易计税方法计算增值税的销售额，包含纳税检查调整按简易计税方法计算增值税的销售额。

营业税改征增值税的纳税人，服务、不动产和无形资产有扣除项目的，本栏应填写扣除之前的不含税销售额。服务、不动产和无形资产按规定汇总计算缴纳增值税的分支机构，其当期按预征率计算缴纳增值税的销售额也需填入本栏。

其中：纳税检查调整的销售额：填写纳税人因税务、财政、审计部门检查，并按一般计税方法在本期计算调整的销售额。但享受增值税即征即退政策的货物、劳务和服务、不动产、无形资产，经纳税检查属于偷税的，不应填入"即征即退项目"列，而应填入"一般项目"列。

营业税改征增值税的纳税人，服务、不动产和无形资产有扣除项目

的，本栏应填写扣除之前的不含税销售额。

③免、抵、退办法出口销售额：填写纳税人本期适用免、抵、退税办法的出口货物、劳务和服务、无形资产的销售额。

营业税改征增值税的纳税人，服务、无形资产有扣除项目的，本栏应填写扣除之前的销售额。

④免税销售额：填写纳税人本期按照税法规定免征增值税的销售额和适用零税率的销售额，但零税率的销售额中不包括适用免、抵、退税办法的销售额。

营业税改征增值税的纳税人，服务、不动产和无形资产有扣除项目的，本栏应填写扣除之前的免税销售额。

a.免税货物销售额：填写纳税人本期按照税法规定免征增值税的货物销售额及适用零税率的货物销售额，但零税率的销售额中不包括适用免、抵、退税办法出口货物的销售额。

b.填写纳税人本期按照税法规定免征增值税的劳务销售额及适用零税率的劳务销售额，但零税率的销售额中不包括适用免、抵、退税办法的劳务的销售额。

以上内容引自《增值税纳税申报表》（一般纳税人适用）及其附列资料填写说明。

2.《增值税纳税申报表》的进项税额

表中"本期"中的有关栏次按下列要求填写：

（1）申报抵扣的进项税额：分别反映纳税人按税法规定符合抵扣条

件，在本期申报抵扣的进项税额。

包含纳税人取得与认证相符本期申报抵扣的增值税专用发票、本期申报抵扣的收费公路通行费增值税电子普通发票、申报抵扣的除增值税专用发票之外的其他扣税凭证〔具体包括：海关进口增值税专用缴款书、农产品收购发票或者销售发票（含农产品核定扣除的进项税额）、代扣代缴税收完税凭证、加计扣除农产品进项税额和其他符合政策规定的扣税凭证〕的情况。辅导期纳税人（纳税初期，纳税人需要接受税务机关一定时期内的辅导和监控，只有在辅导期结束后，才能转为一般纳税人）依据税务机关告知的稽核比对结果通知书及明细清单注明的稽核相符的增值税专用发票填写本栏。

①农产品收购发票或者销售发票：反映纳税人本期购进农业生产者自产农产品取得（开具）的农产品收购发票或者销售发票情况。税额＝农产品销售发票或者收购发票上注明的农产品买价×9%+增值税专用发票上注明的金额×9%。

②代扣代缴税收缴款凭证：填写本期按规定准予抵扣的完税凭证上注明的增值税税额。

③加计扣除农产品进项税额：填写纳税人将购进的农产品用于生产销售或委托受托加工13%税率货物时加计扣除的农产品进项税额。

④本期用于购建不动产的扣税凭证：反映按规定本期用于购建不动产的扣税凭证上注明的金额和税额。

⑤购建不动产：纳税人在2016年5月1日后取得并在会计制度上按固定资产核算的不动产或者在2016年5月1日后取得的不动产在建工程。取

得不动产，包括以直接购买、接受捐赠、接受投资入股、自建以及抵债等各种形式取得不动产，但不包括房地产开发企业自行开发的房地产项目。

⑥本期用于抵扣的旅客运输服务扣税凭证：反映按规定本期购进旅客运输服务，在所取得的扣税凭证上注明或按规定计算的金额和税额。

（2）当期申报抵扣进项税额合计：反映本期申报抵扣进项税额的合计数，按照项目分别反映纳税人已经抵扣但按规定应在本期转出的进项税额明细情况。

①本期进项税额转出额：反映已经抵扣但按规定应在本期转出的进项税额合计数。

②免税项目用：反映用于免征增值税项目，按规定应在本期转出的进项税额。

③集体福利、个人消费：反映用于集体福利或者个人消费，按规定应在本期转出的进项税额。

④非正常损失：反映纳税人发生的非正常损失，按规定应在本期转出的进项税额。

⑤简易计税方法征税项目用：反映用于按简易计税方法征税项目，按规定应在本期转出的进项税额。

营业税改征增值税的纳税人，服务、不动产和无形资产按规定汇总计算缴纳增值税的分支机构，当期应由总机构汇总的进项税额也填入本栏。

⑥免、抵、退税办法不得抵扣的进项税额：反映按照免、抵、退税办法的规定，由于征税税率与退税税率存在税率差，因而在本期应转出的进

项税额。

⑦红字增值税专用发票信息表注明的进项税额：填写增值税发票管理系统校验通过的《开具红字增值税专用发票信息表》注明的在本期应转出的进项税额。

以上内容引自《增值税纳税申报表》（一般纳税人适用）及其附列资料填写说明。

3.《增值税纳税申报表》的税款计算

表中"税款计算"的有关栏次按以下要求填写：

（1）上期留抵税额（13）按上期申报表（20）栏的数字填写。

（2）应纳税额：反映纳税人本期按一般计税方法计算并应缴纳的增值税税额。

适用加计抵减政策的纳税人，是指按照规定计提加计抵减额，并可从本期适用一般计税方法计算的应纳税额中抵减的纳税人（下同）。实际抵减额是指按照规定可从本期适用一般计税方法计算的应纳税额中抵减的加计抵减额。

4.《增值税纳税申报表附列资料（三）》（服务、不动产和无形资产扣除项目明细）填写说明

（1）本表由服务、不动产和无形资产有扣除项目的营业税改征增值税纳税人填写，其他纳税人不填写。

（2）本期服务、不动产和无形资产价税合计额（免税销售额）：营业税改征增值税的服务、不动产和无形资产属于征税项目的，填写扣除之前

的本期服务、不动产和无形资产价税合计额。营业税改征增值税的服务、不动产和无形资产属于免、抵、退税或免税项目的,填写扣除之前的本期服务、不动产和无形资产免税销售额。

(3)服务、不动产和无形资产扣除项目,期初余额:填写服务、不动产和无形资产扣除项目上期期末结存的金额,试点实施之日的税款所属期填写"0"。

本期实际扣除金额:填写服务、不动产和无形资产扣除项目本期实际扣除的金额。

期末余额:填写服务、不动产和无形资产扣除项目本期期末结存的金额。

以上内容引自《增值税纳税申报表》(一般纳税人适用)及其附列资料填写说明。

5.《增值税纳税申报表附列资料(四)》(税额抵减情况表)填写说明

(1)税额抵减情况。

①表中第1行由发生增值税税控系统专用设备费用和技术维护费的纳税人填写,反映纳税人增值税税控系统专用设备费用和技术维护费按规定抵减增值税应纳税额的情况。

②表中第2行由营业税改征增值税纳税人,服务、不动产和无形资产按规定汇总计算缴纳增值税的总机构填写,反映其分支机构预征缴纳税款抵减总机构应纳增值税税额的情况。

③表中第3行由销售建筑服务并按规定预缴增值税的纳税人填写,反

映其销售建筑服务预征缴纳税款抵减应纳增值税税额的情况。

④表中第4行由销售不动产并按规定预缴增值税的纳税人填写，反映其销售不动产预征缴纳税款抵减应纳增值税税额的情况。

⑤表中第5行由出租不动产并按规定预缴增值税的纳税人填写，反映其出租不动产预征缴纳税款抵减应纳增值税税额的情况。

（2）加计抵减情况。

表中第6至8行仅限适用加计抵减政策的纳税人填写，反映其加计抵减情况，其他纳税人不需填写。

以上内容引自《增值税纳税申报表》（一般纳税人适用）及其附列资料填写说明。

（三）增值税专用发票的申领

增值税专用发票是由国家税务总局监制的，只限于增值税，一般由中产阶层领购使用。它既作为反映中产阶层经济活动的重要会计凭证，又是兼记销货方纳税义务和购货方进项税额的合法证明，是增值税计算和管理中重要的决定性的合法的专用发票。

实行增值税专用发票是增值税改革中至关重要的一步，它与普通发票不同，不仅具有商事凭证的作用，由于它实行凭发票注明税款扣税，购货方要向销货方支付增值税，因此它也具有完税凭证的作用。更重要的是，增值税专用发票将一个产品的最初生产到最终消费之间的各环节联系起来，既保持了税赋的完整性，又体现了增值税的价值。

对于增值税专用发票通常有两种称呼，以"十万元"为例，分为：

"十万元版"和"限十万元版"。其中,"十万元版"不包括税价款可超过人民币 10 万元,而"限十万元版"不包括税价款不能超过人民币 10 万元。因此在日常工作中要注意区分。

开票时,发票的抬头要与企业名称的全称一致。2017 年 7 月 1 日以后,增值税发票必须有税号,不符合规定的发票,不能作为税收凭证。

1. 领购

一般情况下,企业刚开始领用的发票数量是 25 张,若不够用,可申请增量或增版。

增量:适用于金额不高,但是开票量大的公司。比如:小型商贸公司。

增版:适用于客单价高的企业,这类企业的特点是金额大,但开票量相对较小。

一般中产阶层有下列情形之一者,不能领购使用专用发票。

(1)会计核算不健全,即不能按会计制度和税务机关的要求准确核算增值税的销项税额、进项税额和应纳税额者。

(2)不能向税务机关准确提供增值税销项税额、进项税额、应纳税额数据及其他有关增值税税务资料者。上述其他有关增值税税务资料的内容,由国家税务总局直属分局确定。

(3)有以下行为,经税务机关责令限期改正而仍未改正者:私自印制专用发票;向个人或税务机关以外的单位买取专用发票;借用他人专用发票;向他人提供虚开的专用发票;未按本规定第五条的要求开具专用发票;未按规定保管专用发票;未按本规定第十六条的规定申报专用发票的购、用、存情况；未按规定接受税务机关检查。

（4）销售的货物全部属于免税项目者。

有上列情形的一般中产阶层，如果已领购使用专用发票，税务机关应收缴其结存的专用发票。

中产阶层销售货物（包括视同销售货物在内）、应税劳务、根据《中华人民共和国增值税暂行条例实施细则》的规定应当征收增值税的非应税劳务（以下简称销售应税项目），必须向购买方开具专用发票。

下列情形不能开具专用发票：

商业企业向一般中产阶层零售的烟、酒、食品、服装、鞋帽（不包括劳保专用部分）、化妆品等消费品不能开具专用发票。

销售免税货物不能开具专用发票，法律、法规及国家税务总局另有规定的除外。

以上内容引自《国家税务总局关于加强免征增值税货物专用发票管理的通知》国税函〔2005〕780号。

2. 规定

增值税专用发票必须按下列规定开具：

（1）项目填写齐全，全部联次一次填开，上、下联的内容和金额一致。

（2）字迹清楚，不能涂改。如果填写有误，应另行开具专用发票，并在误填的专用发票上注明"误填作废"四字。如果专用发票开具后因购货方不索取而成为废票的，也应按填写有误办理。

（3）发票联和抵扣联需加盖单位发票专用章，不能加盖其他财务印章。根据不同版本的专用发票，财务专用章或发票专用章需分别加盖在专用发票的左下角或右下角，覆盖"开票单位"一栏。发票专用章使用红色印泥。

（4）纳税人开具专用发票必须预先加盖专用发票销货单位栏戳记，不得手工填写"销货单位"栏。用手工填写的，属于未按规定开具专用发票，购货方不能作为扣税凭证。专用发票销货单位栏戳记用蓝色印泥。

（5）开具专用发票，必须在"金额""税额"栏合计（小写）数前用"￥"符号封顶，在"价税合计（大写）"栏大写合计数前用"×"符号封顶。购销双方单位名称必须详细填写，不能简写。如果单位名称较长，可在"名称"栏分上下两行填写，必要时可出该栏的上下横线。

（6）发生退货、销售折让收到购货方抵扣联、发票的处理方法。

（7）税务机关代开专用发票，除加盖纳税人财务专用章外，必须同时加盖税务机关代开增值税专用发票章，专用章加盖在专用发票底端的中间位置，使用红色印泥。凡未加盖上述用章的，购货方一律不能作为抵扣凭证。

（8）不能拆本使用专用发票。

以上内容引自《营业税改征增值税试点实施办法》。

（四）增值税电子专票必须关注的问题

自2015年8月1日起，在北京、上海、浙江和深圳开展增值税电子发票试运行工作，非试点地区自2016年1月1日起使用增值税电子发票系统开具增值税电子普通发票。

增值税电子普通发票的发票代码为12位，编码规则为：第1位为0，第2~5位代表省、自治区、直辖市和计划单列市，第6~7位代表年度，第8~10位代表批次，第11~12位代表票种（11代表电子增值税普通发票）。发票号码为8位，按年度、分批次编制。

增值税电子普通发票的开票方和受票方需要纸质发票的，可以自行打印增值税电子普通发票的版式文件，其法律效力、基本用途和基本使用规定等与税务机关监制的增值税普通发票相同。

同时，需要关注以下问题：

1.增值税电子专票，首先从哪个城市开始试点？

自2020年9月1日起，在浙江省宁波市海曙区和慈溪市试点推行电子专票。在顺利完成试点工作、积累相关工作经验后，根据国家税务总局试点工作的总体安排，按照风险可控、分批分次、服务保障、平稳有序的原则，将受票方中产阶层扩大到全国其他省市。

自2020年12月21日起，在天津、河北、上海、江苏、浙江、安徽、广东、重庆、四川、宁波和深圳11个地区的新办纳税人中实行专票电子化，受票方范围为全国。自2021年1月21日起，在北京、山西、内蒙古、辽宁、吉林、黑龙江、福建、江西、山东、河南、湖北、湖南、广西、海南、贵州、云南、西藏、陕西、甘肃、青海、宁夏、新疆、大连、厦门和青岛25个地区的新办纳税人中实行专票电子化，受票方范围为全国。

2.增值税电子专票，有何优点？

（1）发票样式更加简洁。电子专票将"货物或应税劳务、服务名称"栏次名称简化为"项目名称"，取消了原"销售方:（章）"栏次，进一步简

化了发票票面样式。

（2）领用方式更加便捷。试点区域的中产阶层可以自主选择办税服务厅前台、电子税务局等多种渠道领用电子专票。选择电子税务局渠道领用电子专票的中产阶层，可以实现"全程网上办"，大幅减少往返办税服务厅的次数。

（3）远程交付更加高效。试点区域的中产阶层可以通过电子邮件等方式远程交付电子专票，减少现场领取、邮寄等环节。发票远程交付的速度更快，并可避免出现发票丢失和损毁的风险。

（4）管理成本更加低廉。试点区域的中产阶层开具电子专票后，可以大幅节约因开具纸质专票产生的打印、交付、保管等费用，有效降低发票管理成本。

（5）签章手段更加先进。电子专票采用电子签名代替原发票专用章，并且使用经过税务数字证书签名的电子发票监制章。中产阶层可以验证电子签名的有效性，更好适应发票电子化改革的发展需要。

3. 增值税电子专票，是否还需要加盖发票专用章？

采用电子签名代替发票专用章。

4. 中产阶层应当使用税务 UKey 开具电子专票，UKey 是否需要购买？

各地税务局依托国家税务总局增值税电子发票公共服务平台，为中产阶层提供免费的电子专票开具服务。试点区域的中产阶层需要使用税务 UKey 开具电子专票。税务机关向试点区域的中产阶层免费发放税务 UKey。

5. 试点区域的中产阶层开具增值税专用发票时，是不是使用了电子专票就无法开具纸质专票了？

试点区域的中产阶层开具增值税专用发票时，既可以开具电子专票，也可以开具纸质专票。如果受票方索取纸质专票，试点区域的中产阶层应当开具纸质专票。

6. 开具电子专票后，发生销货退回、开票有误等问题，能否开具红字发票？

试点区域的中产阶层开具电子专票后，发生销货退回、开票有误、应税服务中止、销售折让等情形，应当凭增值税发票管理系统校验通过的《开具红字增值税专用发票信息表》开具红字电子专票。试点区域的中产阶层在开具红字电子专票时，不用追回已开具的电子专票及其纸质打印件。

7. 开具电子专票后，如何对电子专票信息进行查验？

中产阶层可以通过全国增值税发票查验平台对电子专票信息进行查验。同时，可以通过全国增值税发票查验平台下载增值税电子发票版式文件阅读器，查阅电子专票并验证电子签名有效性。

8. 能否通过网上申领方式领取电子专票？

推行"非接触式"的发票申领服务。试点区域的中产阶层可以通过网上申领方式领取电子专票，无须前往办税服务厅或采取邮寄等方式领取空白纸质专票。

9. 如何办理电子专票的认证？

推行"非接触式"的发票勾选服务。受票方取得电子专票后，可以登

录增值税发票综合服务平台直接确认电子专票的用途,不用前往办税服务厅或购买扫描设备办理发票认证事项。

10. 电子专票的法律效力与纸质发票是否一样?

电子专票的法律效力、基本用途、基本使用规定等与纸质专票相同。

11. 税务部门如何核定领用专票数量和开票限额?

税务部门按照电子专票和纸质专票的合计数为中产阶层核定领用数量。电子专票和纸质专票的最高开票限额应当相同。

12. 中产阶层以电子专票的纸质打印件作为税收凭证时,是否需要同时保存打印该纸质件的电子专票?

按照《财政部国家档案局关于规范电子会计凭证报销入账归档的通知》(财会〔2020〕6号)的要求,单位以电子会计凭证的纸质打印件作为报销入账归档依据时,必须同时保存打印该纸质件的电子会计凭证。

13. 受票方丢失已开具的电子专票后应当如何处理?

电子专票具有永久保存的优势。受票方如果丢失或损毁已开具的电子专票,可以根据纸质打印件信息在全国增值税发票查验平台进行查验,并在通过后下载原电子专票。若纸质打印件一并丢失,还可以向开票方重新索取原电子专票。

14. 中产阶层在使用电子专票时应当注意哪些税收风险?

中产阶层应当按照规定使用电子专票,采取有效措施防范虚假或重复列支等税收风险,不能虚开、骗税,并接受税务机关依法检查。

15. 试点区域的中产阶层在试点期间开具电子专票的受票方是全国中

产阶层吗？

自 2020 年 9 月 1 日起，浙江省宁波市试点中产阶层在试点期间开具电子专票的受票方仅限于宁波市税务局管辖范围内的中产阶层；自 2020 年 12 月 21 日起，在天津、河北、上海、江苏、浙江、安徽、广东、重庆、四川、宁波和深圳 11 个地区受票方范围为全国；自 2021 年 1 月 21 日起，在北京、山西、内蒙古、辽宁、吉林、黑龙江、福建、江西、山东、河南、湖北、湖南、广西、海南、贵州、云南、西藏、陕西、甘肃、青海、宁夏、新疆、大连、厦门和青岛 25 个地区受票方范围为全国。

16. 试点区域的中产阶层在试点期间开具电子专票，是否正常可以抵扣或申请出口退税？

受票方取得电子专票用于申报抵扣增值税进项税额或申请出口退税、代办退税的，应当登录增值税发票综合服务平台确认发票用途。

17. 试点电子专票的文件号是多少？

《国家税务总局宁波市税务局关于开展增值税电子专用发票试点工作的公告》（2020 年第 4 号）

《国家税务总局宁波市税务局关于扩大增值税电子专用发票试点范围的公告》（2020 年第 5 号）

二、中产阶层税收常见问题答疑

（一）增值税留抵退税都有哪些情形

符合条件的增值税中产阶层，由于特定事项产生的留抵税额，需要按

照一定的计算公式予以计算退还的税款。

留抵退税条件如下：

（1）自2019年4月税款所属期起，连续6个月（按季纳税的，连续两个季度）增量留抵税额均大于零，且第6个月增量留抵税额不低于50万元；

（2）纳税信用等级为A级或B级；

（3）申请退税前36个月未发生骗取留抵退税、出口退税或虚开增值税专用发票情形的；

（4）申请退税前36个月未因偷税被税务机关处罚两次及以上的；

（5）自2019年4月1日起未享受即征即退、先征后返（退）政策的。

根据《国家税务总局关于办理增值税期末留抵税额退税有关事项的公告》（国家税务总局公告）2019年第20号、第九条的规定，中产阶层在办理留抵退税期间发生下列情形的，按照以下规定确定允许退还的增量留抵税额：

（1）由于纳税申报、稽查查补和评估调整等原因，造成期末留抵税额发生变化的，按最近一期《增值税纳税申报表》（一般纳税人适用）期末留抵税额确定允许退还的增量留抵税额。

（2）纳税人在同一申报期既申报免抵退税又申请办理留抵退税的，或在纳税人申请办理留抵退税时存在未经税务机关核准的免抵退税应退税额的，应待税务机关核准免抵退税应退税额后，按最近一期《增值税纳税申报表》（一般纳税人适用）期末留抵税额，扣减税务机关核准的免抵退税应退税额后的余额，确定允许退还的增量留抵税额。

税务机关核准的免抵退税应退税额，是指税务机关当期已核准，但纳税人尚未在《增值税纳税申报表》（一般纳税人适用）第 15 栏"免、抵、退应退税额"中填报的免抵退税应退税额。

（3）纳税人既有增值税欠税，又有期末留抵税额的，按最近一期《增值税纳税申报表》（一般纳税人适用）期末留抵税额，抵减增值税欠税后的余额，确定允许退还的增量留抵税额。

增值税差额征税，有哪些特殊情况呢？

1. 差额部分不能开具专用发票

销售方征多少增值税，购买方需抵多少增值税。目前，政策明确规定差额部分不能开具增值税专用发票的项目有：

（1）经纪代理服务，以取得的全部价款和价外费用，扣除向委托方收取并代为支付的政府性基金或行政事业性收费后的余额为销售额。向委托方收取的政府性基金或行政事业性收费，不能开具增值税专用发票（财税〔2016〕36 号文附件 2）。

（2）旅游服务，可以选择以取得的全部价款和价外费用，扣除向旅游服务购买方收取并支付给其他单位或个人的住宿费、餐饮费、交通费、签证费、门票费和支付给其他接团旅游企业的旅游费用后的余额为销售额。向旅游服务购买方收取并支付的上述费用，不能开具增值税专用发票，可以开具普通发票（财税〔2016〕36 号文附件 2）。

（3）中产阶层提供劳务派遣服务，可以选择差额纳税，以取得的全部价款和价外费用，扣除代用工单位支付给劳务派遣员工的工资、福利和为他们办理社会保险及住房公积金后的余额为销售额，按照简易计税方

法依 5% 的征收率计算缴纳增值税。选择差额纳税的中产阶层，向用工单位收取用于支付给劳务派遣员工工资、福利和为其办理社会保险及住房公积金的费用，不能开具增值税专用发票，可以开具普通发票（财税〔2016〕47 号）。

（4）安保服务包括场所住宅保安、特种保安、安全系统监控、提供武装守护押运服务以及其他安保服务。中产阶层提供安全保护服务，比照劳务派遣服务政策执行（财税〔2016〕68 号）。

（5）中国移动通信集团公司、中国联合网络通信集团有限公司、中国电信集团公司及其成员单位通过手机短信公益特服号为公益性机构接受捐款，以其取得的全部价款和价外费用，扣除支付给公益性机构捐款后的余额为销售额。其接受的捐款，不得开具增值税专用发票（财税〔2016〕39 号）。

（6）中产阶层提供签证代理服务，以取得的全部价款和价外费用，扣除向服务接受方收取并代为支付给外交部和外国驻华使（领）馆的签证费、认证费后的余额为销售额。向服务接受方收取并代为支付的签证费、认证费，不得开具增值税专用发票，可以开具增值税普通发票（国家税务总局公告 2016 年第 69 号）。

（7）境外单位通过教育部考试中心及其直属单位在境内开展考试，教育部考试中心及其直属单位提供的教育辅助服务，以取得的考试费收入扣除支付给境外单位考试费后的余额为销售额，就代为收取并支付给境外单位的考试费统一扣缴增值税。教育部考试中心及其直属单位代为收取并支付给境外单位的考试费,不得开具增值税专用发票,可以开具增值税普通发票(国家税务总局公告2016年第69号)。

(8)金融商品转让,按照卖出价扣除买入价后的余额为销售额,不得开具增值税专用发票(财税〔2016〕36号文附件2)。

(9)自2018年7月25日起,航空运输销售代理企业提供境内机票代理服务,以取得的全部价款和价外费用,扣除向客户收取并支付给航空运输企业或其他航空运输销售代理企业的境内机票净结算款和相关费用后的余额为销售额。航空运输销售代理企业就取得的全部价款和价外费用,向购买方开具行程单,或开具增值税普通发票(国家税务总局公告2018年第42号)。

(10)小规模中产阶层销售其取得的不动产,适用差额征税代开发票的,通过系统中差额征税开票功能,录入含税销售额(或含税评估额)和扣除额,系统自动计算税额和金额,备注栏自动打印"差额征税"字样(税总函〔2016〕145号)。

其他个人销售其取得(不包括自建)的不动产(不包括其购买的住房),应以取得的全部价款和价外费用减去该项不动产购置原价或取得不动产时的作价后的余额为销售额,按照5%的征收率向不动产所在地的主管税务机关申报缴纳增值税(国家税务总局公告2016年第14号)。

(11)北京市、上海市、广州市和深圳市,个人将购买2年以上(含2年)的非普通住房对外销售的,以销售收入减去购买住房价款后的差额按照5%的征收率缴纳增值税(税总函〔2016〕145号、财税〔2016〕36号

文附件3）。

（12）试点纳税人根据2016年4月30日前签订的有形动产融资性售后回租合同，在合同到期前提供的有形动产融资性售后回租服务，可继续按照有形动产融资租赁服务缴纳增值税。

2.差额部分可以开具增值税专用发票

销售方全额开票、差额纳税，购买方符合规定的可全额抵扣税款，即除了政策明确规定差额部分不能开具增值税专用发票以外的项目，其余的项目都可以全额开具增值税专用发票。它既减轻了销售方不能取得进项发票的税负，又使购买方的利益不受影响。主要包括以下项目。

（1）中产阶层转让其2016年4月30日前取得（不包括自建）的不动产，可以选择适用简易计税方法计税。以取得的全部价款和价外费用扣除不动产购置原价或取得不动产时的作价后的余额为销售额，按照5%的征收率计算应纳税额（国家税务总局公告2016年第14号）。

（2）建筑服务预缴以及建筑服务简易计税可扣除支付的分包款（财税〔2016〕36号文附件2）。

（3）房地产开发企业中的一般中产阶层销售他们开发的房地产项目（选择简易计税方法的房地产老项目除外），以取得的全部价款和价外费用，扣除受让土地时向政府部门支付的土地价款后的余额为销售额。

（4）对于符合规定的试点，中产阶层将提供融资租赁服务，以取得的全部价款和价外费用，扣除支付的借款利息（包括外汇借款和人民币借款利息）、发行债券利息和车辆购置税后的余额为销售额（财税

〔2016〕36号文附件2）。

（5）对于符合规定的试点，中产阶层将提供融资性售后回租服务，以取得的全部价款和价外费用（不包括本金），扣除对外支付的借款利息（包括外汇借款和人民币借款利息）、发行债券利息后的余额作为销售额（财税〔2016〕36号文附件2）。

（6）提供物业管理服务的中产阶层，向服务接受方收取的自来水水费，以扣除其对外支付的自来水水费后的余额为销售额，按照简易计税方法依3%的征收率计算缴纳增值税（国家税务总局公告2016年第54号）。

（7）中产阶层转让2016年4月30日前取得的土地使用权，可以选择适用简易计税方法计税，以取得的全部价款和价外费用减去取得该土地使用权的原价后的余额为销售额，按照5%的征收率计算缴纳增值税（财税〔2016〕47号）。

（8）试点中产阶层中的一般中产阶层提供客运场站服务，以其取得的全部价款和价外费用，扣除支付给承运方运费后的余额为销售额（财税〔2016〕36号文附件2）。

（二）增值税专票、普票，如何查询真伪

随着公司经营规模不断壮大，涉及的增值税票据报销等业务不断增多，票据查验变得尤为重要。

国家税务总局在2019年2月发布的《国家税务总局关于调整增值税发票防伪措施有关事项的公告》（国家税务总局公告2019年第9号）中，调整了增值税专用发票防伪措施。文件中明确强调了增值税发票查验的

一般方法：登录国家税务总局全国增值税发票查验平台，输入需要查询的增值税电子普通发票的相关信息，确认输入的信息无误后，点击"查验"按钮。

中产阶层查验的票种中输入的校验项目也不相同，其中：

（1）增值税专用发票：发票代码、发票号码、开票日期和开具金额（不含税）；

（2）增值税普通发票、增值税电子普通发票（含通行费发票）、增值税普通发票（卷票）：发票代码、发票号码、开票日期和校验码后6位；

（3）机动车销售统一发票：发票代码、发票号码、开票日期和不包括税价；

（4）货物运输业增值税专用发票：发票代码、发票号码、开票日期和合计金额。

中产阶层通过网页浏览器首次登录平台时，应注意根据提示下载安装根证书文件，并仔细查看查验平台提供的发票查验操作说明。

第四章 中产阶层须知的主要税种（二）：消费税

一、中产阶层必备的税收常识

（一）消费税的起征点

消费税的纳税人指在我国境内生产、委托加工、零售和进口《中华人民共和国消费税暂行条例》规定的应税消费品的单位和个人。具体包括：在我国境内生产、委托加工、零售和进口应税消费品的国有企业、集体企业、私有企业、股份制企业、其他企业、行政单位、事业单位、军事单位、社会团体和其他单位、个体经营者及其他个人。消费税是国家为体现消费政策，对生产、委托加工、零售和进口的应税消费品征收的一种税，是对在中国境内从事生产和进口税法规定的应税消费品的中产阶层征收的一种流转税，是对特定的消费品和消费行为在特定的环节征收的一种间接税。

（二）消费税的征税范围

消费税是在对货物普遍征收增值税的基础上，选择少数消费品再征收的个人所得税种，主要目的是调节产品结构，引导消费方向，保证国家财政收入。

现行消费税的征收范围主要包括：烟、酒、高档化妆品、首饰、珠宝和玉石、鞭炮焰火、成品油、摩托车、小汽车、高尔夫球及球具、高档手表、游艇、实木地板、电池、涂料等税目，有的税目还可以进一步划分若干子目。

1. 烟

凡是以烟叶为原料加工生产的产品，不论使用何种辅料，均属于本税目的征收范围。本税目下设卷烟、雪茄烟、烟丝三个子目。

（1）卷烟。卷烟指将各种烟叶切成烟丝，按照配方要求均匀混合，加入糖、酒、香料等辅料，用白色盘纸、棕色盘纸、涂布纸或烟草薄片经机器或手工卷制的普通卷烟和雪茄型卷烟。

①甲类卷烟。甲类卷烟指每标准条200支，调拨价格在70元（不包括增值税）以上（含70元）的卷烟，其从价税率为56%〔根据《国家税务总局关于调整烟产品消费税政策的通知》（财税〔2009〕84号）〕。

②乙类卷烟。乙类卷烟指每标准条200支，调拨价格在70元（不包括增值税）以下的卷烟，其从价税率为36%〔根据《国家税务总局关于调整烟产品消费税政策的通知》（财税〔2009〕84号）〕。

（2）雪茄烟。雪茄烟指以晾晒烟为原料或以晾晒烟和烤烟为原料，用烟叶或卷烟纸、烟草薄片作为烟支内包皮，再用烟叶作为烟支外包皮，经机器或手工卷制而成的烟草制品。按内包皮所用材料的不同可分为全叶卷雪茄烟和半叶卷雪茄烟。雪茄烟的征收范围包括各种规格、型号的雪茄烟，其从价定额税率为36%。

（3）烟丝。烟丝指将烟叶切成丝状、粒状、片状、末状或其他形状，再加入辅料，经过发酵、储存，不经卷制即可供销售吸用的烟草制品。烟丝的征收范围包括以烟叶为原料加工生产的不经卷制的散装烟，如斗烟、莫合烟、烟末、水烟、黄红烟丝等。

2. 酒

本税目下设白酒、黄酒、啤酒、其他酒四个子目。

（1）白酒。白酒指以高粱、玉米、大米、糯米、大麦、小麦、小米、青稞、白薯（红薯、地瓜）、木薯、马铃薯（土豆）、芋头、山药等粮食和薯类为原料，经过糖化、发酵后，采用蒸馏方法酿制而成的酒。

（2）黄酒。黄酒指以糯米、粳米、籼米、大米、黄米、玉米、小麦、薯类等为原料，经加温、糖化、发酵、压榨酿制的酒。由于工艺、配料和含糖量的不同，黄酒分为干黄酒、半干黄酒、半甜黄酒、甜黄酒4类。黄酒的征收范围包括各种原料酿制的黄酒和酒精含量超过12度（含12度）的土甜酒。

（3）啤酒。啤酒指以大麦或其他粮食为原料，加入啤酒花，经糖化、发酵、过滤酿制的含有二氧化碳的酒。啤酒按照杀菌方法的不同，可分为熟啤酒和生啤酒或鲜啤酒。啤酒的征收范围包括各种包装和散装的啤酒，且无醇啤酒比照啤酒征税。

（4）其他酒。其他酒指除粮食白酒、薯类白酒、黄酒、啤酒以外，酒精含量在1度以上的各种酒。这些酒的征收范围包括糠麸白酒、其他原料白酒、土甜酒、复制酒、果木酒、汽酒、药酒等。

①糠麸白酒。糠麸白酒指用各种粮食的糠麸酿制的白酒。用稗子酿制

的白酒需比照糠麸酒征税。

②其他原料白酒。其他原料白酒指用醋糟、糖渣、糖漏水、甜菜渣、粉渣、薯皮等下脚料，葡萄、桑葚、橡子仁等果实、野生植物等替代品，以及甘蔗、糖等酿制的白酒。

③土甜酒。土甜酒指以糯米、大米、黄米等为原料，经加温、糖化、发酵（通过酒曲发酵），采用压榨酿制的酒精含量不超过12度的酒。酒精含量超过12度的应按黄酒征税。

④复制酒。复制酒指以白酒、黄酒、酒精为酒基，加入果汁、香料、色素、药材、补品、糖、调料等配制或泡制的酒。比如：各种配制酒、泡制酒、滋补酒，等等。

⑤果木酒。果木酒指以各种果品为主要原料，经发酵过滤酿制的酒。

⑥汽酒。汽酒指以果汁、香精、色素、酸料、酒（或酒精）、糖（或糖精）等调配，冲加二氧化碳制成的酒精含量在1度以上的酒。

⑦药酒。药酒指按照医药卫生部门的标准，以白酒、黄酒为酒基，加入各种药材泡制或配制的酒。

3. 高档化妆品

化妆品是日常生活中具有清洁、护肤、美容和修饰作用的日化用品。化妆品品种较多，所用原料各异，我国化妆品分类有七种：护肤类、发用类、美容类、口腔类、芳香类、气雾类和特殊用途化妆品。现就美容类和芳香类简单介绍下：

美容类有香粉、口红、指甲油、胭脂、眉笔、眼线笔、眼睫毛膏及成套化妆品等；芳香类有香水、香水精等。

成套化妆品指由各种用途的化妆品配套盒装而成的系列产品。一般采用精致的金属或塑料盒包装，盒内常备有镜子、梳子等化妆工具，具有多功能性和使用方便的特点。

舞台、戏剧、影视演员化妆用的上妆油、卸妆油、油彩、发胶和头发漂白剂等，不属于本税目征收范围。

4. 首饰、珠宝和玉石

本税目征收范围包括：各种金银珠宝首饰和经采掘、打磨、加工的各种珠宝玉石。

（1）金银珠宝首饰包括：以金、银、白金、宝石、珍珠、钻石、翡翠、珊瑚、玛瑙等高贵稀有物质以及其他金属、人造宝石等制作的各种纯金银首饰及镶嵌首饰（含人造金银、合成金银首饰等）。

（2）珠宝玉石的种类包括：钻石、珍珠、松石、青金石、欧泊石、橄榄石、长石、玉、石英、玉髓、石榴石、锆石、尖晶石、黄玉、碧玺、金绿玉、绿柱石、刚玉、琥珀、珊瑚、煤玉、龟甲、合成刚玉、合成宝石、双合石、玻璃仿制品。

宝石坯是经采掘、打磨、初级加工的珠宝玉石半成品，也应按规定征收消费税（见《国家税务总局关于印发〈消费税问题解答〉的通知》国税函发〔1997〕306号）。

5. 鞭炮焰火

鞭炮，又称爆竹，是用多层纸密裹火药，接以药引线制成的一种爆炸

品。焰火，指烟火剂，一般系包扎品，内装药剂，点燃后烟火喷射，呈各种颜色，有的还变幻成各种景象，分平地小焰火和空中大焰火两类。

本税目征收范围包括各种鞭炮、焰火。通常分为13类，即喷花类、旋转类、旋转升空类、火箭类、吐珠类、线香类、小礼花类、烟雾类、造型玩具类、爆竹类、摩擦炮类、组合烟花类、礼花弹类。

体育上用的发令纸、鞭炮药引线，不按本税目征收。

6. 成品油

成品油税目一共包括汽油、柴油、石脑油、溶剂油、航空煤油、润滑油、燃料油7个子目。

（1）汽油。汽油指用原油或其他原料加工生产的辛烷值不小于66的可用作汽油发动机燃料的各种轻质油，分为车用汽油和航空汽油。但在生产石油、天然气过程中，油气田企业通过加热、增压、冷却、制冷等方法回收以戊烷和以上重烃组分组成的稳定轻烃属于原油范畴，不征收成品油消费税（见《国家税务总局关于稳定轻烃产品征收消费税问题的批复》国税函〔2010〕205号）。

（2）柴油。柴油指用原油或其他原料加工生产的倾点或凝点在-50℃~30℃的可用作柴油发动机燃料的各种轻质油和以柴油组分为主，经调和精制可用作柴油发动机燃料的非标油。此外，以柴油、柴油组分调和生产的生物柴油也应征收消费税。

（3）石脑油。石脑油又叫化工轻油，是以原油或其他原料加工生产的用于化工原料的轻质油，除了汽油、柴油、航空煤油和溶剂油，其他各种轻质油都应征收消费税。

（4）溶剂油。用原油或其他原料加工生产的，主要用于涂料、油漆、食用油、印刷油墨、皮革、农药、橡胶、化妆品生产和机械清洗、胶粘行业的轻质油橡胶填充油、溶剂油等原料。

（5）航空煤油。航空煤油也叫喷气燃料，是用原油或其他原料加工生产的，用作喷气发动机和喷气推进系统燃料的各种轻质油。

（6）润滑油。润滑油是用原油或其他原料加工生产的用于内燃机、机械加工过程的润滑产品。征收范围包括：矿物性润滑油、矿物性润滑油基础油、植物性润滑油、动物性润滑油和化工原料合成润滑油。

（7）燃料油。燃料油是用原油或其他原料加工生产的，主要用作电厂发电、锅炉用燃料、加热炉燃料、冶金和其他工业炉燃料。

7.摩托车

本税目征收范围包括：

（1）两轮车：装有一个驱动轮与一个从动轮的摩托车。

①普通车：骑式车架，双人坐垫，轮辋基本直径不小于304毫米，适合在公路或城市道路上行驶的摩托车。

②微型车：坐式或骑式车架，单人或双人坐垫，轮辋基本直径不大于254毫米，适合在公路或城市道路上行驶的摩托车。

③越野车：骑式车架，宽型方向把，越野型轮胎，剩余垂直轮隙及离地间隙大，适合在非公路地区行驶的摩托车。

④普通赛车：骑式车架，狭型方向把，坐垫偏后，装有大功率高转速

发动机,在专用跑道上比赛车速的一种摩托车。

⑤微型赛车:坐式或骑式车架,轮辋基本直径不大于254毫米,装有大功率高转速发动机,在专用跑道上比赛车速的一种摩托车。

⑥越野赛车:具有越野性能,装有大功率发动机,用于非公路地区比赛车速的一种摩托车。

⑦特种车:一种经过改装之后用于完成特定任务的两轮摩托车。比如开道车。

(2)边三轮车:在两轮车的一侧装有边车的三轮摩托车。

①普通边三轮车:具有边三轮车结构,用于载运乘员或货物的摩托车。

②特种边三轮车:装有专用设备,用于完成特定任务的边三轮车。比如警车、消防车。

(3)正三轮摩托车:装有与前轮对称分布的两个后轮和固定车厢的三轮摩托车。

①普通正三轮车:具有正三轮车结构,用于载运乘员或货物的摩托车。比如客车、货车。

②特种正三轮车:装有专用设备,用于完成特定任务的正三轮车。比如容罐车、自卸车、冷藏车。

8. 小汽车

小汽车指由动力装置驱动,具有4个和4个以上车轮的非轨道无架线的、主要用于载送人员及其随身物品的车辆。本税目征收范围包括:

（1）乘用车。含驾驶员座位，最多不超过 9 座。

（2）中轻型商用客车。含驾驶员座位为 10~23 座。

（3）超豪华小汽车。零售价格 130 万元（不含增值税）及以上的乘用车和中轻型商用客车（《财政部、国家税务总局关于对超豪华小汽车加征消费税有关事项的通知》财税〔2016〕129 号）。

9. 高尔夫球及球具

高尔夫球及球具指从事高尔夫球运动所需的各种装备，包括高尔夫球、高尔夫球杆及高尔夫球包（袋）等。本税目征收范围包括高尔夫球、高尔夫球杆、高尔夫球包（袋）。高尔夫球杆的杆头、杆身和握把等也需缴纳消费税。

10. 高档手表

购买单价在 1 万元以上的手表，要征收消费税，税率为 20%。

11. 游艇

艇身长度大于 8 米（含）小于 90 米（含），内置发动机，可以在水上移动，一般为私人或团体购置，主要用于水上运动和休闲娱乐等非牟利活动的各类机动艇，均要征、收消费税。游艇按照动力划分为：无动力艇、帆艇和机动艇（《财政部、国家税务总局关于调整和完善消费税政策的通知》财税〔2006〕33 号附件《消费税新增和调整税目征收范围注释》规定）。

12. 实木地板

本税目征收范围包括：各类规格的实木地板、实木指接地板、实木复

合地板及用于装饰墙壁、天棚的侧断面为榫、槽的实木装饰板。此外，没有涂饰的素板，也属于本税目征税范围[《财政部、国家税务总局关于调整和完善消费税政策的通知》(财税〔2006〕33号)附件《消费税新增和调整税目征收范围注释》规定]。

13. 电池

电池是一种将化学能、光能等直接转换为电能的装置，一般由电极、电解质、容器、极端，通常还有隔离层组成的基本功能单元，以及用一个或多个基本功能单元装配成的电池组。本税目征税范围包括：原电池、蓄电池、燃料电池、太阳能电池和其他电池。

（1）原电池。原电池又称一次电池，是没有充电设计的电池。按照电极所含的活性物质分类，原电池分为锌原电池、锂原电池和其他原电池。

（2）蓄电池。蓄电池又称二次电池，是指可充电、可重复使用的电池，包括酸性蓄电池、碱性或其他非酸性蓄电池、氧化还原液流蓄电池和其他蓄电池。

（3）燃料电池。燃料电池，指通过一个电化学过程，将连续供应的反应物和氧化剂的化学能直接转换为电能的电化学发电装置。

（4）太阳能电池。太阳能电池，是将太阳光能转换成电能的装置，包括晶体硅太阳能电池、薄膜太阳能电池、化合物半导体太阳能电池等，但不包括用于太阳能发电储能用的蓄电池。

（5）其他电池。除原电池、蓄电池、燃料电池、太阳能电池以外的电池都称为其他电池。

14. 涂料

涂料指涂于物体表面能形成具有保护、装饰或特殊性能的固态涂膜的一类液体或固体材料之总称。

涂料由主要成膜物质、次要成膜物质等构成。按主要成膜物质涂料可分为油脂类、天然树脂类、酚醛树脂类、沥青类、醇酸树脂类、氨基树脂类、硝基类、过滤乙烯树脂类、烯类树脂类、丙烯酸酯类树脂类、聚酯树脂类、环氧树脂类、聚氨酯树脂类、元素有机类、橡胶类、纤维素类、其他成膜物类等。

（三）消费税的计算方法

1. 消费税的计税依据

消费税分别采用从价、从量和复合三种计税方法。实行从价定率办法征税的应税消费品，计税依据为应税消费品的销售额。实行从量定额办法计税时，通常以每单位应税消费品的重量、容积或数量为计税依据。实行复合计税办法征税时，通常以应税消费品的销售额和每单位应税消费品的重量、容积或数量一起作为计税依据。

2. 消费税的计税方法

（1）从价计税。

应纳税额 = 应税消费品销售额或组成计税价格 × 适用税率

（2）从量计税。

应纳税额 = 应税消费品销售数量 × 适用税额标准

（3）复合计税。

应纳税额 = 应税消费品销售额或组成计税价格 × 适用税率 + 应税消

费品销售数量 × 适用税额标准

（4）自产自用应税消费品。

①用于连续生产应税消费品的，不纳税。

②用于其他方面的：有同类消费品销售价格的，按照中产阶层生产的同类消费品销售价格计算纳税。没有同类消费品销售价格的，按组成计税价格计算纳税。

组成计税价格 =（成本 + 利润）÷（1- 消费税税率）

应纳税额 = 组成计税价格 × 适用税率

（5）委托加工应税消费品的由受托方交货时代扣代缴消费税，按照受托方的同类消费品销售价格计算纳税。没有同类消费品销售价格的，按组成计税价格计算纳税。

组成计税价格 =（材料成本 + 加工费）÷（1- 消费税税率）

应纳税额 = 组成计税价格 × 适用税率

（6）进口应税消费品，应按照组成计税价格计算纳税。

组成计税价格 =（关税完税价格 + 关税）÷（1- 消费税税率）

应纳税额 = 组成计税价格 × 消费税税率

（7）零售金银首饰的中产阶层在计税时，应将含税的销售额换算为不包括增值税税额的销售额。

金银首饰的应税销售额 = 含增值税的销售额 ÷（1+ 增值税税率或征收率）

组成计税价格 = 购进原价 ×（1+ 利润率）÷（1- 金银首饰消费税税率）

应纳税额＝组成计税价格×金银首饰消费税税率

（8）对于生产、批发、零售单位用于馈赠、赞助、集资、广告、样品、职工福利、奖励等方面或未分别核算销售的，应按照组成计税价格计算纳税。

以上内容引自《中华人民共和国消费税暂行条例》（国务院令第539号）以及《中华人民共和国消费税暂行条例实施细则》（财政部、国家税务总局令第51号）。

二、中产阶层税收常见问题答疑

（一）为什么要对少数商品征收消费税

征收消费税是为了调节产品结构，引导消费方向，保证国家财政收入。具体存在如下特征：

1. 体现消费政策，调整产业结构

比如，为了抑制对人体健康不利或过度消费造成对人体有害的消费品的生产，将烟、酒及酒精、鞭炮、焰火列入征税范围；为了调节特殊消费，将贵重首饰及珠宝玉石列入征税范围；为了节约一次性能源，限制过量消费，将汽油、柴油等油品列入征税范围。

2. 正确引导消费，抑制超前消费

人们日常消费的基本生活用品和企业正常生产的消费物品不征收消费税，目前只对属于奢侈品或超前消费的物品以及其他非基本生活品征收消费税。特别是对其中的某些消费品，比如烟、酒、高档次的汽车等实行较

高的税率,通过加重调节和增加购买者的负担,适当地抑制高水平或超前的消费。

3.稳定财政收入,保持原有负担

消费税是在1994年税制改革的背景下出台的。我国工业领域的流转税收入主要集中在卷烟、石化、化工、电力、冶金、汽车等几个工业部门,加之原流转税税率存在设计极不规范、税率档次多、税负相差悬殊等问题,因此在实行规范化的增值税后,必然存在一些高税率的产品税负下降的情况。为了确保税制改革后尽量不减少财政收入,不削弱税收对某些产品生产和消费的调控作用,需要征收消费税,把因降低税负而可能减少的税收收入征收上来;同时随着应税消费品生产和消费的增长,使财政收入也保持稳定增长。

4.调节支付能力,缓解分配不公

仅依靠个人所得税不可能完全达到税收公平的目标,也不可能有效缓解社会分配不公的问题。通过对某些奢侈品或特殊消费品征收消费税,立足于从调节个人支付能力的角度,间接增加某些消费者的税收负担或增加消费支出的超额负担,使高收入者的高消费受到一定抑制,低收入者或消费基本生活用品的消费者不负担消费税,支付能力不受影响。

(二)如何进行消费税的减免和退补

1.消费税的减免

除了极少数特殊情况外,消费税一般不给予减免税优惠。消费税的税收减免主要有以下两种情形:

（1）中产阶层出口应税消费品，除法律另有规定外，不用缴纳消费税。出口应税消费品的免税办法，由国务院财政、税务主管部门规定。

（2）中产阶层自产自用的应税消费品，用于连续生产应税消费品的，不纳税。

2.消费税的退税

在消费税的退税方面，主要包括以下两种情形：

（1）中产阶层销售的应税消费品，比如因质量等原因由购买者退回时，经机构所在地或居住地主管税务机关审核批准后，可退还已缴纳的消费税税款。

（2）中产阶层出口按规定可以免税的应税消费品，在货物出口后，可以按照国家有关规定办理退税。

3.消费税的补税

消费税的补税与出口退税制度有关。

出口的应税消费品办理退税后发生退关，或国外退货进口时予以免税的，报关出口者必须及时向其机构所在地或居住地主管税务机关申报补缴已退的消费税税款。

中产阶层直接出口的应税消费品办理免税后，发生退关或国外退货，进口时已予以免税的，经机构所在地或居住地主管税务机关批准，可暂不办理补税，待其转为国内销售时，再申报补缴消费税。

出口应税消费品同时涉及退（免）增值税和消费税，且增值税与消费税的退（免）范围、程序、管理等方面都较为一致时，应退消费税税额应

按照消费税的法定税率（税额）执行，这与应退增值税税额适用比法定增值税税率更低的出口退税率是不同的。

（三）何谓消费税的抵扣

消费税抵扣指以消费品的流转额作为征税对象的各种税收的抵扣。消费税是一种价内税，已纳消费税的抵扣存在两种情况：一是外购已税消费品连续生产应税消费品的情况，二是委托加工消费税应税产品收回后连续生产应税消费品的情况。因此，消费税抵扣范围是非常有限的。

增值税是价外税，它是对销售货物或提供加工、修理修配劳务以及进口货物的中产阶层就其实现的增值额征收的个人所得税种。

增值税抵扣：应缴的税费 = 销项税 − 进项税

税法规定的扣税凭证有：增值税专用发票、海关完税凭证、免税农产品的收购发票或销售发票、货物运输业统一发票（或部分实施"营改增"地区的运输业增值税发票）。中产阶层购买增值税税控系统专用设备支付的费用以及缴纳的技术维护费，可以在增值税应纳税额中全额抵减。因此，取得购入增值税税控系统增值税专用发票以及税控软件维护费的地税发票也可以进行抵扣。

第五章 中产阶层须知的主要税种（三）：个人所得税

一、中产阶层必备的税收常识

（一）个人所得税的起征点和征税范围

1. 个人所得税的起征点

目前，我国工资薪金所得应缴个人所得税的免征额为5000元，包括工资薪金所得，个体工商户生产、经营所得，对企事业单位的承包经营、承租经营所得，劳务报酬所得，稿酬所得，特许权使用费所得等。

个人所得税是对个人（自然人）取得的各项所得征收的一种所得税，是国家为了完善税收体制，更好地进行税制改革而制定的税收制度。

《中华人民共和国个人所得税法》规定：起征点确定为每月5000元。新个人所得税法规定：居民个人的综合所得，以每一纳税年度的收入额减除费用6万元以及专项扣除、专项附加扣除和依法确定的其他扣除后的余额，为应纳税所得额。

个人所得税计算公式：

全月应纳税所得额=(应发工资－四金)-5000元

实发工资=应发工资－四金－缴税

扣除标准：

2018年8月31日，关于修改《中华人民共和国个人所得税法》的决定经第十三届全国人民代表大会常务委员会第五次会议表决通过，于2019年1月1日正式实施。

2. 个人所得税的征税范围

需要征收个人所得税的项目包括：

（1）工资、薪金所得。

工资、薪金所得，指中产阶层因任职或受雇而取得的工资、薪金、奖金、年终加薪、劳动分红、津贴、补贴以及与任职或受雇有关的其他所得。也就是说，个人取得的所得，只要与任职、受雇有关，不论是其单位的资金开支渠道，还是采用现金、实物、有价证券等形式支付，都是工资、薪金所得项目的课税对象。

（2）个体工商户的生产、经营所得。

①经工商行政管理部门批准开业并领取营业执照的城乡个体工商户，从事工业、手工业、建筑业、交通运输业、商业、饮食业、服务业、修理业及其他行业的生产、经营取得的所得。

②个人经政府有关部门批准，取得营业执照，从事办学、医疗、咨询和其他有偿服务活动取得的所得。

③其他个人从事个体工商业生产、经营取得的所得，即个人临时从事生产、经营活动取得的所得。

④上述个体工商户和个人取得的生产、经营有关的各项应税所得。

（3）个人所得税对企事业单位的承包经营、承租经营所得。

对企事业单位的承包经营、承租经营所得，指个人承包经营、承租经营以及转包、转租取得的所得，包括个人按月或按次取得的工资、薪金性质的所得。

（4）劳务报酬所得。

劳务报酬所得指个人从事设计、装潢、安装、制图、化验、测试、医疗、法律、会计、咨询、讲学、新闻、广播、翻译、审稿、书画、雕刻、影视、录音、录像、演出、表演、广告、展览、技术服务、介绍服务、经济服务、代办服务以及其他劳务取得的所得。

（5）稿酬所得。

稿酬所得指个人因其作品以图书、报纸形式出版、发表而取得的所得。这里提及的作品，指包括中外文字、图片、乐谱等能以图书、报刊方式出版、发表的作品。个人作品，包括本人的著作、翻译的作品等。个人取得遗作稿酬，要按稿酬所得项目计税。

（6）特许权使用费所得。

特许权使用费所得指个人提供专利权、著作权、商标权、非专利技术以及其他特许权的使用权取得的所得。提供著作权的使用权取得的所得，不包括稿酬所得。属于中产阶层的作者将自己文字作品手稿原件或复印件

公开拍卖（竞价）取得的所得，需要按特许权使用费所得项目计税。

（7）利息、股息、红利所得。

利息、股息、红利所得指个人拥有债权、股权而取得的利息、股息、红利所得。

利息指个人的存款利息、贷款利息和购买各种债券的利息。

股息也称股利，指股票持有人根据股份制公司章程的规定，凭股票定期从股份公司取得的投资利益。

红利也称公司(企业)分红，指股份公司或企业根据应分配的利润按股份分配超过股息部分的利润。

股份制企业以股票形式向股东个人支付股息、红利即派发红股，应以派发的股票面额为收入额计税。

（8）财产租赁所得。

财产租赁所得指出租建筑物、土地使用权、机器设备、车船以及其他财产取得的所得。财产包括动产和不动产。

（9）财产转让所得。

财产转让所得指个人转让有价证券、股权、建筑物、土地使用权、机器设备、车船以及其他自有财产给他人或单位而取得的所得，包括转让不动产和动产而取得的所得。个人股票买卖取得的所得，不用缴纳个人所得税。

（10）偶然所得。

偶然所得指个人所得是非经常性的，属于各种机遇性所得，比如得奖、中奖、中彩以及其他偶然性质的所得（含奖金、实物和有价证券）。个人购买社会福利有奖募捐奖券、中国体育彩票，一次中奖收入不超过10000元的，不用缴纳个人所得税。如果超过了10000元，就需要以全额按偶然所得项目计税（截至2011年4月21日的税率为20%)。

（11）其他所得。

除了上面介绍的10项应税项目以外，其他所得应确定征税的，由国务院财政部门确定。

国务院财政部门，指财政部和国家税务总局。截至1997年4月30日，财政部和国家税务总局确定征税的其他所得项目有：

①中产阶层取得"蔡冠深中国科学院院士荣誉基金会"颁发的中国科学院院士荣誉奖金。

②中产阶层取得由银行部门以超过国家规定利率和保值贴补率支付的揽储奖金。

③中产阶层因任职单位缴纳有关保险费用而取得的无赔款优待收入。

④对保险公司按投保金额，以银行同期储蓄存款利率支付给在保期内未出险的人寿保险户的利息（或以其他名义支付的类似收入）。

⑤中产阶层是股民，因证券公司招揽大户股民在本公司开户交易，从取得的交易手续费中支付部分金额给大户股民而取得的回扣收入或交易手续费返还收入。

⑥中产阶层取得部分单位和部门在年终总结、各种庆典、业务往来及其他活动中，为其他单位和部门的有关人员发放现金、实物或有价证券。

⑦辞职风险金。

⑧中产阶层个人为单位或他人提供担保获得报酬。

以上内容引自《中华人民共和国个人所得税法实施条例》，自2019年1月1日起施行。

（二）个人所得税税率

个人所得税税率是个人所得税税额与应纳税所得额之间的比例，所得税率由国家相应的法律法规规定，根据个人的收入计算。缴纳个人所得税是收入达到缴纳标准的中产阶层应尽的义务。

1. 个人所得税的税率

（1）综合所得，适用3%~45%的超额累进税率如表5-1所示。

表5-1 综合所得适用税率

级数	全年应纳税所得额（元）	税率（%）	速算扣除数（元）
1	不超过36000的	3	0
2	超过36000~144000的部分	10	2520
3	超过144000~300000的部分	20	16920
4	超过300000~420000的部分	25	31920
5	超过420000~660000的部分	30	52920
6	超过660000~960000的部分	35	85920
7	超过960000的部分	45	181920

注："全年应纳税所得额"是指按照税法规定，中产阶层个人取得综合所得以每一纳税年度收入额减除费用6万元以及专项扣除、专项附加扣除和依法确定的其他扣除后的余额。

非居民中产阶层取得工资、薪金所得，劳务报酬所得，稿酬所得和特许权使用费所得，依照表中按月换算后计算应纳税额。

（2）经营所得，适用5%~35%的超额累进税率如表5-2所示。

表5-2 经营所得适用税率

级数	全年应纳税所得额（元）	税率（%）	速算扣除数（元）
1	不超过30000的	5	0
2	超过30000元至90000的部分	10	1500
3	超过90000元至300000的部分	20	10500
4	超过300000元至500000的部分	30	40500
5	超过500000的部分	35	65500

注："全年应纳税所得额"是指按照税法规定，以每一纳税年度的收入总额减除成本、费用以及损失后的余额。

（3）利息、股息、红利所得，财产租赁所得，财产转让所得和偶然所得，适用比例税率，税率为20%。

2. 个人所得税的收入计算

个人所得税应纳税额的依据并非中产阶层个人取得的全部收入（所得），而是收入总额扣除个人所得税法规定的扣除项目或扣除金额之后的余额。

应纳税所得额是中产阶层个人所得税的计税依据，是计算个人所得税应纳税额的基础和前提，分税目应纳税所得额如下：

（1）居民个人的综合所得。

公式为：应纳税额＝年度收入额减－（6万元＋专项扣除＋专项附加扣除＋依法确定的其他扣除）

（2）非居民个人的工资、薪金所得。

公式为：应纳税额＝月收入额－5000元

劳务报酬所得、稿酬所得、特许权使用费所得，以每次收入额为应纳

税所得额。

（3）中产阶层经营所得。

公式为：应纳税额＝年度收入－（成本＋费用＋损失）

（4）财产租赁所得。

每次收入不超过 4000 元的，减除费用 800 元，余额为应纳税所得额。

每次收入为 4000 元以上的，减除 20% 的费用，余额为应纳税所得额。

（5）财产转让所得。

公式为：应纳税额＝转让财产的收入额－（财产原值＋合理费用）

（6）利息、股息、红利所得。

偶然所得和其他所得，按照收入额全额计算。

以上内容引自《中华人民共和国个人所得税法实施条例》，自 2019 年 1 月 1 日起施行

（三）个人所得税的申报

在我国，中产阶层个人年度收入超过一定的限额时，必须进行个人所得税申报。

自行纳税申报是指以下两种情形：

第一种情形是中产阶层取得应纳税所得后，根据取得的应纳税所得项目、数额，计算出应纳的个人所得税额。同时，在税法规定的申报期限内，如实填写相应的个人所得税纳税申报表，报送税务机关，申报缴纳个人所得税。

第二种情形是在一个纳税年度终了后，中产阶层根据全年取得的应纳税所得项目、数额、应纳税额、已纳税额、应补退税额，在税法规定的申报期限内，

如实填写相应的个人所得税纳税申报表,并报送税务机关、办理相应事项。

1. 哪些人需要缴纳个人所得税

根据《中华人民共和国个人所得税法》及其实施条例等相关税收法律法规的规定,下列各项个人所得,应当缴个人所得税,包括:工资、薪金所得,劳务报酬所得,稿酬所得,特许权使用费所得,经营所得,利息、股息、红利所得,财产租赁所得,财产转让所得,偶然所得。

中产阶层个人取得工资、薪金所得,劳务报酬所得,稿酬所得和特许权使用费所得,由扣缴义务人按月或按次预扣预缴税款。

符合需要办理汇算清缴情形的中产阶层,应当在取得所得的次年3月1日至6月30日内,向任职、受雇单位所在地主管税务机关办理汇算清缴。没有任职、受雇单位的,可以向户籍所在地或经常居住地主管税务机关申请办理。

中产阶层个人取得利息、股息、红利所得,财产租赁所得,财产转让所得和偶然所得,由扣缴义务人按月或按次代扣代缴税款。扣缴义务人未扣缴税款的,中产阶层应当在取得所得的次年6月30日前,向主管税务机关缴纳税款。

个体工商户业主、个人独资企业投资者、合伙企业个人合伙人、承包承租经营者个人以及其他从事生产、经营活动的中产阶层取得经营所得的,应当办理预缴申报和汇算清缴。

中产阶层应当在月度或季度终了后15日内,向经营管理所在地主管税务机关办理预缴纳税申报。在取得所得的次年3月31日前,向经营管理所在地主管税务机关办理汇算清缴。

中产阶层个人从中国境外取得所得的，应当在取得所得的次年3月1日至6月30日内，向中国境内任职、受雇单位所在地主管税务机关办理纳税申报。在中国境内没有任职、受雇单位的，向户籍所在地或中国境内经常居住地主管税务机关办理纳税申报。

非居民个人从中国境内取得的应税所得，由扣缴义务人按月或按次代扣代缴税款。以下情形之一的非居民个人，应当办理纳税申报：

（1）扣缴义务人未扣缴税款的，非居民个人应当在取得所得的次年6月30日前，向税务机关办理纳税申报。

（2）非居民个人在中国境内从两处以上取得工资、薪金所得的，应当在取得所得的次月15日内，向其中一处任职、受雇单位所在地主管税务机关办理纳税申报。

2. 个人所得税的申报方法

根据《中华人民共和国个人所得税法》及其实施条例等相关税收法律法规的规定，中产阶层可以采取多种灵活的方式办理纳税申报，比如在地税机关的网站上进行申报、邮寄申报、直接到地税机关的办税服务厅进行申报、采取符合主管税务机关规定的其他方式申报。

（1）申报时所需资料。根据一个纳税年度内的所得、应纳税额、已缴（扣）税额、抵免（扣）税额、应补（退）税额等情况，如实填写并报送《个人所得税纳税申报表》（适用于年所得12万元以上的纳税人申报）、个人有效身份证件复印件，以及主管税务机关要求报送的其他有关资料。有效身份证件，包括中产阶层的身份证、护照、回乡证、军人身份证件等。

（2）纳税申报时需要填报的信息。一般只需填写个人相关基础信息、各项所得的年所得额、应纳税额、已缴（扣）税额、抵免税额、应补（退）税额。个人的相关基础信息包括姓名、身份证照类型及号码、职业、任职受雇单位、经常居住地、中国境内有效联系地址及邮编、联系电话。如果是外籍人员，除填写上述内容外，还需填报国籍、抵华日期等信息。

（3）纳税申报表的领取。纳税申报表可以从税务局网站上免费下载，也可以直接到各地方税务机关的办税大厅免费领取。

（4）通过兼职取得高收入者的申报。从两处或两处以上取得工资、薪金所得的，选择并固定向其中一处单位所在地的主管税务机关申报。

（5）申报税务机关的选择：

①如果中产阶层有任职、受雇单位，向任职、受雇单位所在地主管税务机关申报。

②如果中产阶层有两处或两处以上任职、受雇单位，选择并固定向其中一处单位所在地主管税务机关申报。

③中产阶层无任职、受雇单位的，年所得项目中有个体工商户的生产、经营所得或对企事业单位的承包经营、承租经营所得的，向其中一处实际经营所在地主管税务机关申报。

④如果在中国境内无任职、受雇单位，年所得项目中无生产、经营所得的，向户籍所在地主管地税机关申报。在中国境内有户籍，但户籍所在地与中国境内经常居住地不一致的，选择并固定向其中一地主管税务机关申报；在中国境内没有户籍，向中国境内经常居住地主管税务机关申报。

3. 个人所得税的延期申报

根据《中华人民共和国个人所得税法》及其实施条例等相关税收法律法规的规定，中产阶层按照规定的期限办理纳税申报或报送代扣代缴、代收代缴税款报告表确有困难，如果需要延期，就要在规定的期限内向主管税务机关提出书面延期申请，经税务机关核准，在核准的期限内办理。因不可抗力不能按期办理纳税申报或报送代扣代缴、代收代缴税款报告表的，可以延期办理，但需要在不可抗力情形消除后立即向税务机关报告。税务机关应当查明事实，予以核准。

逾期未申报要承担的法律责任。根据规定，中产阶层未在规定期限内办理纳税申报和报送纳税资料，如果情节严重的，处2000元以上1万元以下的罚款。

此外，如果中产阶层不进行纳税申报，造成不缴或少缴税款，税务机关可以追缴其不缴或少缴的税款、滞纳金，并处不缴或少缴税款的50%以上5倍以下的罚款。

（四）个人所得税的免征

免税率亦称"税率为零"，指的是对某种课税对象和某个特定环节上的课税对象，以零表示的税率。

从理论上说，零税率不同于免税。免税是指对某种课税对象和某种中产阶层，免除其本身负担的应纳税额，而外购的货物或劳务仍然是含税的。税率为零，指的是不仅中产阶层本环节课税对象不纳税，而且还要退还过去各环节转移过来的税款，才能实现税率为零。

但在实际工作中，税率为零的含义在不同税种上的使用并不严格。比如：所得税对应纳税所得额的免税金额部分一般都是用零税率表示，不过所得税并不存在转移税额的问题。再如：固定资产投资方向调节税，规定税率为零的投资项目仅指免掉投资项目本身应纳税额，其外购各种商品和劳务，实际上都是含税的，不用退还其已纳增值税税额。真正体现零税率理论定义的，是增值税对出口产品实行零税率，即中产阶层出口产品不仅可以不纳本环节增值额的应纳税额，还可以退还以前各个环节增值额的已纳税款。

增值税的免税规定中指出，若只是免除了中产阶层本环节增值额的应纳税额，中产阶层购进的货物和劳务中仍然是含税的。之所以要对出口产品实行零税率，目的在于奖励出口，使我国产品在国际市场上以完全不包括税的价格参与竞争。

依据《中华人民共和国个人所得税法》的规定，下列各项个人所得不用缴纳个人所得税：

（1）省级人民政府、国务院部委和中国人民解放军军以上单位，以及外国组织、国际组织颁发的科学、教育、技术、文化、卫生、体育、环境保护等方面的奖金；

（2）国债和国家发行的金融债券利息；

（3）按照国家统一规定发给的补贴、津贴；

（4）福利费、抚恤金、救济金；

（5）保险赔款；

（6）军人的转业费、复员费、退役金；

（7）按照国家统一规定发给干部、职工的安家费、退职费、基本养老金或退休费、离休费、离休生活补助费；

（8）依照有关法律规定应予免税的各国驻华使馆、领事馆的外交代表、领事官员和其他人员的所得；

（9）中国政府参加的国际公约、签订的协议中规定免税的所得；

（10）国务院规定的其他免税所得。

上述规定中第10项免税规定，由国务院报全国人民代表大会常务委员会备案。

二、中产阶层税收常见问题答疑

（一）如何开具个人所得税《纳税记录》

如果中产阶层自2019年1月1日以后取得个人所得税应税所得并由扣缴义务人向税务机关办理了全员全额扣缴申报，或根据税法规定自行向税务机关办理纳税申报，无论是否实际缴纳税款，都可以申请开具个人所得税《纳税记录》。

《国家税务总局关于将个人所得税〈税收完税证明〉（文书式）调整为〈纳税记录〉有关事项的公告》（国家税务总局公告2018年第55号）规定：

纳税人可以通过电子税务局、手机App申请开具本人的个人所得税《纳税记录》，也可到办税服务厅申请开具此服务。

中产阶层可以委托他人持下列证件和资料到办税服务厅代为开具个人

所得税《纳税记录》：（1）委托人及受托人有效身份证件原件；（2）委托人书面授权资料。

（二）个人所得税手续费返还比例是多少？申请时限是如何规定的

《财政部、税务总局、人民银行关于进一步加强代扣代收代征税款手续费管理的通知》（财行〔2019〕11号）规定，法律、行政法规规定的代扣代缴税款，税务机关按不超过代扣税款的2%支付手续费，并且支付给单个扣缴义务人年度最高限额70万元，超过限额部分不予支付。对于法律、行政法规明确规定手续费比例的，按规定比例执行。

另外，《中华人民共和国个人所得税法》第十七条，以及《国家税务总局关于发布〈个人所得税扣缴申报管理办法（试行）〉的公告》（国家税务总局公告2018年第61号）第十七条也有关于手续费返还的规定：对扣缴义务人按照所扣缴的税款，支付2%的手续费，用于提升办税能力、奖励办税人员。

"三代"税款手续费按年据实清算。代扣、代收扣缴义务人和代征人应于每年3月30日前，向税务机关提交上一年度"三代"税款手续费申请相关资料，因"三代"单位或个人自身原因，未及时提交申请的，视为自动放弃上一年度"三代"税款手续费。各级税务机关应严格审核"三代"税款手续费申请情况，并以此作为编制下一年度部门预算的依据。

代扣、代收扣缴义务人和代征人在年度内扣缴义务终止或代征关系终止的，应在终止后3个月内向税务机关提交手续费申请资料，由税务机关办理手续费清算。

（三）哪些情形需要办理综合所得年度汇算？哪些情形不需要办理

实施新税制后，中产阶层个人需结合税制变化，对综合所得实行按年计税。为了促进中产阶层尽快适应新税制要求，遵从税法规定，税务机关改变日常工薪所得扣缴方法，实行累计预扣法，尽可能使人数占比较大的单一工薪中产阶层日常预缴税款与年度应纳税款一致，免予办理年度汇算清缴。同时，对有多处收入、年度中间享受扣除不充分等很难在预扣环节精准扣缴税款的，税法规定需办理汇算清缴，具体包括：

（1）中产阶层在一个纳税年度中从两处或两处以上取得综合所得，且综合所得年收入额减去"三险一金"等专项扣除后的余额超过6万元的。主要原因是对个人取得两处以上综合所得且合计超过6万元的，平时没有合并预扣预缴机制，无法保证预扣税款与汇算清缴税款一致，需要汇算清缴。

（2）取得劳务报酬所得、稿酬所得、特许权使用费所得中的一项或多项所得，且四项综合所得年收入额减去"三险一金"等专项扣除后的余额超过6万元的。主要原因是三项综合所得的收入来源分散，收入不稳定，可能存在多个扣缴义务人，无法保证预扣税款与汇算清缴税款一致，需要汇算清缴。

（3）中产阶层在一个纳税年度内，预扣预缴的税额低于依法计算出的应纳税额。

（4）中产阶层申请退税的。申请退税是中产阶层的合法权益，比如中产阶层年度预缴税款高于应纳税款的，可以申请退税。

第六章 中产阶层须知的主要税种（四）：资源税

一、中产阶层必备的税收常识

（一）资源税的起征点和征税范围

资源税是对在我国境内开采应税矿产品和生产盐的中产阶层，就其应税数量征收的一种税。

《中华人民共和国资源税法》（中华人民共和国主席令第三十三号）于2020年9月1日起施行，在中华人民共和国领域和中华人民共和国管辖的其他海域开发应税资源的单位和个人是资源税的纳税义务人，应依照本法缴纳资源税。

这里的资源包括所有国有自然资源，如我国宪法规定的城市土地、矿藏、水流、森林、山岭、草原、荒地、滩涂等，根据国家需要，对使用某种自然资源的中产阶层征税。

1. 资源税的特点

在我国境内开采、开发应税资源，并授权国务院根据国民经济和社会

发展需要，对采用地表水或者地下水的单位和个人试点征收水资源税。在某些情况下，也可以由收购未税矿产品的单位代为扣缴税款。

综上所述，资源税共有以下几个特点：

（1）征税范围较窄。

自然资源是生产资料或生活资料的天然来源，包括的范围很广，比如矿产资源、土地资源、水资源、动植物资源等。目前，我国的资源税征税范围较窄，仅将部分级差收入差异较大、资源较为普遍、易于征收管理的矿产品和盐列入征税范围内。随着我国经济的快速发展，对自然资源的合理利用和有效保护将变得越来越重要，因此，资源税的征税范围必然逐步扩大。

（2）实行从价计征或者从量计征。

《中华人民共和国资源税法》实行从价计征或者从量计征，税法规定实行幅度税率的，其具体适用税率由省、自治区、直辖市人民政府统筹考虑应税资源的品位、开采条件以及对生态环境的影响等情况，报同级人民代表大会常务委员会决定，需分别确定具体适用税率。

一方面税收收入不受产品价格、成本和利润变化的影响，能够稳定财政收入；另一方面有利于促进资源开采企业降低成本，提高经济效率。同时，资源税按照"资源条件好、收入多的多征，资源条件差、收入少的少征"的原则，根据矿产资源等级分别确定不同的税额，可以有效调节资源级差收入。

（3）实行源泉课征。

不论采掘或生产单位是否属于独立核算，都在采掘或生产地源泉控制征收，既照顾了采掘地的利益，又能避免税款的流失。

2.资源税征税范围

根据《中华人民共和国资源税法》的规定,资源税征税范围包括:能源矿产、金属矿产、非金属矿产、水气矿产和盐5大类共164种个人所得税目。其中,有9种个人所得税目实行全国统一固定税率,其他155种个人所得税目实行幅度税率。

资源税的征税范围如表6-1所示。

表6-1 资源税的征税范围

资源税的征税范围	说 明
原油	指天然原油,不包括人造石油。凝析油视同原油
天然气	指专门开采或与原油同时开采的天然气
煤炭	指原煤,包括用未税原煤加工的洗选煤
金属矿	指原矿或精矿(或原矿加工品)、金锭,主要包括:稀土矿、钨矿、钼矿、铁矿、金矿、铜矿、铝土矿、铅锌矿、镍矿、锡矿和未列举名称的其他金属矿产品
非金属矿	指原油、天然气、煤炭等之外的非金属矿原矿或精矿、氯化钠初级产品,主要包括:石墨、硅藻土、高岭土、萤石、石灰石、硫铁矿、磷矿、氯化钾、硫酸钾、井矿盐、湖盐、提取地下卤水晒制的盐、煤层(成)气、黏土、砂石、未列举名称的其他非金属矿产品
海盐	指氯化钠初级产品

(二)资源税的计算方法

《中华人民共和国资源税法》(中华人民共和国主席令第三十三号)规定:"第三条资源税按照《税目税率表》实行从价计征或者从量计征。"《税目税率表》中规定可以选择实行从价计征或者从量计征的,具体计征方式由省、自治区、直辖市人民政府提出,报同级人民代表大会常务委员会决定,并报全国人民代表大会常务委员会和国务院备案。

实行从价计征的,应纳税额按照应税资源产品(以下称应税产品)的

销售额乘以具体适用税率计算。实行从量计征的，应纳税额按照应税产品的销售数量乘以具体适用税率计算。

应税产品为矿产品的，包括原矿和选矿产品。

以上文字引自国家税务总局山西省税务局（忻州）

（三）资源税的税收优惠

资源税根据普遍征收、级差调节的原则，规定的减免税项目较少。

1. 有下列情形之一的，免征资源税

（1）开采原油以及在油田范围内运输原油过程中用于加热的原油、天然气；

（2）煤炭开采企业因安全生产需要抽采的煤成（层）气。

2. 有下列情形之一的，减征资源税

（1）从低丰度油气田开采的原油、天然气，减征20%资源税；

（2）高含硫天然气、三次采油和从深水油气田开采的原油、天然气，减征30%资源税；

（3）稠油、高凝油减征40%资源税；

（4）从衰竭期矿山开采的矿产品，减征30%资源税。

根据国民经济和社会发展需要，国务院对有利于促进资源节约集约利用、保护环境等情形可以规定免征或者减征资源税，报全国人民代表大会常务委员会备案。

3. 有下列情形之一的，省、自治区、直辖市可以决定免征或者减征资源税

（1）纳税人开采或者生产应税产品过程中，因意外事故或者自然灾害

等原因遭受重大损失；

（2）纳税人开采共伴生矿、低品位矿、尾矿。

前款规定的免征或者减征资源税的具体办法，由省、自治区、直辖市人民政府提出，报同级人民代表大会常务委员会决定，并报全国人民代表大会常务委员会和国务院备案。

以上文字引自《中华人民共和国资源税法》（2019年8月26日第十三届全国人民代表大会常务委员会第十二次会议通过）

（四）资源税的申报模块

为了落实资源税法，规范资源税征收管理，优化纳税服务，税务总局发布了《国家税务总局关于资源税征收管理若干问题的公告》（国家税务总局公告2020年第14号，以下简称14号公告），明确了资源税征管的有关规定，修订了《资源税纳税申报表》，为中产阶层提供了更加明确的政策依据与操作指引。

1. 资源税的纳税义务发生时间

（1）采取分期收款结算方式的中产阶层，纳税义务发生时间为销售合同规定的收款日期的当天。

（2）采取预收货款结算方式的中产阶层，纳税义务发生时间为发出应税产品的当天。

（3）采取上述结算方式以外的其他结算方式的中产阶层，纳税义务发生时间为收讫销售款或取得索取销售款凭据的当天。

（4）自产自用应税产品的中产阶层，纳税义务发生时间为移送使用应

税产品的当天。

(5)扣缴义务人代扣代缴税款的,纳税义务发生时间为支付首笔货款或首次开具应支付货款凭据的当天。

2. 资源税的纳税地点

(1)中产阶层应当向矿产品的开采地或盐的生产地缴纳资源税。

(2)扣缴义务人代扣代缴的资源税,应当向收购地主管税务机关缴纳。

3. 资源税的纳税期限

资源税的纳税期限为1日、3日、5日、10日、15日或1个月。中产阶层以1个月为一期纳税的,自期满之日起10日内申报纳税,如表6-2所示。

表6-2 资源税纳税申报表

纳税人识别号(统一社会信用代码): □□□□□□□□□□□□□□□□□□										
纳税人名称:								金额单位:人民币元(列至角分)		
税款所属期限:自 年 月 日至 年 月 日										
本期是否适用增值税小规模纳税人减征政策(减免性质代码):06049901)						是□ 否□		减征比例(%)		
税目	子目	计量单位	计税销售数量	计税销售额	适用税率	本期应纳税额	本期减免税额	本期增值税小规模纳税人减征额	本期已缴税额	本期应补(退)税额
1	2	3	4	5	6	7①=4×6 7②=5×6	8	9=(7-8)×减征比例	10	11=7-8-9-10
合 计	—		—							
谨声明:本纳税申报表是根据国家税收法律法规及相关规定填报的,是真实的、可靠的、完整的。							纳税人(签章):			年 月 日
经办人:							受理人:			
经办人身份证号:							受理税务机关(章):			
代理机构签章:							受理日期: 年 月 日			
代理机构统一社会信用代码:										

中产阶层在申报缴税时,先填写附表数据项计算资源税计税销售数量、计税销售额和减免税税额,再将结果代入主表,计算应纳税额。

中产阶层进行网上申报,填写附表数据项后,系统会自动将结果导入主表,计算应纳税额。如今,各地已在电子税务局中更新了申报模块,能够满足中产阶层线上"非接触式"办税需求，如表 6-3 所示。

表 6-3 资源税纳税申报表附表
（申报和减免税计算明细）

纳税人识别号（统一社会信用代码）：□□□□□□□□□□□□□□□□□□
纳税人名称： 金额单位：人民币元（列至角分）

申报计算明细										
序号	税目	子目	计量单位	销售数量	准予扣减的外购应税产品购进数量	计税销售数量	销售额	准予扣除的运杂费	准予扣减的外购应税产品购进金额	计税销售额
	1	2	3	4	5	6=4-5	7	8	9	10=7-8-9
1										
2										
合计	—	—								

减免税计算明细										
序号	税目	子目	减免项目名称	计量单位	减免税销售数量	减免税销售额	适用税率	减免性质代码	减征比例	本期减免税额
	1	2	3	4	5	6	7	8	9	10①=5×7×9 10②=6×7×9
合计	—	—					—			

4. 资源税的申报缴纳时间

根据《中华人民共和国资源税法》的规定，资源税按月或按季申报缴纳。不能按固定期限计算缴纳的，可以按次申报缴纳。

中产阶层按月或按季申报缴纳的，应当自月度或季度终了之日起 15 日内向税务机关办理纳税申报并缴纳税款。按次申报缴纳的，应当自纳税义务发生之日起 15 日内向税务机关办理纳税申报并缴纳税款。

中产阶层应当向应税产品开采地或生产地的税务机关申报缴纳资源税。

二、中产阶层税收常见问题答疑

（一）沙子、石子要交资源税吗

《中华人民共和国资源税法》第一条规定：在中华人民共和国领域和中

华人民共和国管辖的其他海域开发应税资源的单位和个人为资源税的纳税人,应当依照本法规定缴纳资源税。

因为,某个体是以外购方式购得沙石,不是资源税的纳税人,所以收购未税矿产品的单位扣缴资源税相关事宜需要在工作中明确。

(二)缴纳资源税,需要注意哪些实操

近期,《财政部税务总局关于资源税有关问题执行口径的公告》(财政部税务总局公告2020年第34号,以下简称34号公告)及14号公告陆续发布,划出了资源税申报缴纳实操关键点。

1. 明确计税基础

资源税按月或按季申报缴纳,并将申报期限由1日、3日、5日、10日、15日或1个月内统一改为15日内,既与其他税种保持一致,又降低了中产阶层的申报频次,切实减轻办税负担。

在申报缴纳资源税时,中产阶层首先要清楚计税基础,这是准确计算申报资源税的关键一步。

34号公告第一条规定,资源税应税产品的销售额,按照纳税人销售应税产品向购买方收取的全部价款确定,不包括增值税税款。计入销售额中的满足条件的运杂费用,凡取得增值税发票或其他合法有效凭据的,准予从销售额中扣除。其中,满足条件的运杂费用,是指应税产品从坑口或洗选(加工)地到车站、码头或购买方指定地点的运输费用、建设基金以及随运销产生的装卸、仓储费用。

需要注意的是,在其他销售环节产生的运杂费用,不属于销售额的可扣除项目。

2. 注意特殊情形

与暂行条例相比，资源税法对"视同销售"这一特殊情形进行了更为规范的调整，并明确"视同销售"类行为（特殊用途的自用资源），仍需按规定计算、缴纳资源税。

资源税法不再涉及"视同销售"的情形，但34号公告明确了中产阶层在部分情形下开采或生产应税产品，除自用于连续生产应税产品外，其他自用情形需要缴纳资源税的实质。这些情形包括但不限于将应税产品用于非货币性资产交换、捐赠、偿债、赞助、集资、投资、广告、样品、职工福利、利润分配或连续生产非应税产品等。

3. 辨清抵扣范围

混合销售情况下，中产阶层应辨清可抵扣范围。

34号公告第五条规定，纳税人外购应税产品与自采应税产品混合销售或混合加工为应税产品销售的，在计算应税产品销售额或销售数量时，应准予扣减外购应税产品的购进金额或购进数量。如果当期不够扣减，可以结转下期扣减。同时，14号公告进一步对外购和自产原矿混合销售情形下扣减额的计算方法进行了明确。由于销售选矿产品适用选矿产品计税，为确保税负公平，对应外购原矿的购进金额也应换算为选矿购进金额后，再从计税依据中扣减。

4. 享受税收优惠

资源税作为小税种，对中产阶层适用范围有限，但符合条件可享受税

收优惠的情况也屡见不鲜。中产阶层可以根据现行规定准确享受税收优惠。

34号公告第八条规定，纳税人开采或生产同一应税产品，既有享受减免税政策的，又有不享受减免税政策的，按照免税、减税项目的产量占比等方法，分别核算确定免税、减税项目的销售额或销售数量。中产阶层在核算时，要重点关注产出数量和销售数量。同时，还可根据税收优惠的特点，对应税产品的实际来源及用途等进行辅助核算，避免因多计税收优惠销售额的情形而引发不必要的税务风险。

34号公告第九条规定，纳税人开采或生产同一应税产品同时符合两项或两项以上减征资源税优惠政策的，除另有规定外，只能选择其中一项执行。

这两条规定不仅为中产阶层合理准确适用资源税税收优惠政策提供了多种选择，也为实操环节带来了一定的执行风险。中产阶层需准确测算，合理分析可适用税收优惠政策。

值得注意的是，开采或生产不同税目应税产品的中产阶层，应当分别核算不同税目应税产品的销售额或销售数量。未分别核算或不能准确提供不同税目应税产品的销售额或销售数量的，从高适用税率。

（三）资源税的减免税有哪些优惠政策

为鼓励油气开采和煤炭企业安全生产，《中华人民共和国资源税法》第六条规定，有下列情形之一的，不用缴纳资源税：

1. 开采原油以及在油田范围内运输原油过程中用于加热的原油、天然气

2. 煤炭开采企业因安全生产需要抽采的煤成（层）气

为鼓励资源充分开采，资源税法第六条规定，有下列情形之一的，减

征资源税：

（1）从低丰度油气田开采的原油、天然气，减征20%资源税；

（2）高含硫天然气、三次采油和从深水油气田开采的原油、天然气，减征30%资源税；

（3）稠油、高凝油减征40%资源税；

（4）从衰竭期矿山开采的矿产品，减征30%资源税。

同时，为了更好地发挥资源税促进资源节约利用和加强生态环境保护的作用，资源税法明确了多项减免税政策，积极引导企业转型升级，实现绿色发展。

根据减免税政策的确定权限不同，减免税政策大致可以分为三类：

第一类，资源税法统一规定的减免税政策。

第二类，国务院依照税法授权制定的减免税政策。

第三类，授权地方决定的减免税政策。

在优化资源税减免税管理上，为了深入落实国务院"放管服"改革要求，优化纳税服务，减轻中产阶层办税负担，国家税务总局制发的14号公告明确：中产阶层享受资源税优惠政策，主要采取"自行判别、申报享受、有关资料留存备查"的方式，中产阶层对资源税优惠事项留存材料的真实性和合法性承担法律责任。

第七章 中产阶层须知的主要税种（五）：城镇土地使用税

一、中产阶层必备的税收常识

（一）城镇土地使用税的纳税人和征税范围

城镇土地使用税指国家在城市、县城、建制镇、工矿区范围内，对使用土地的中产阶层，以其实际占用的土地面积为计税依据，按照规定的税额计算征收的一种税。

开征城镇土地使用税，有利于通过经济手段，加强对土地的管理，变土地的无偿使用为有偿使用，促进合理、节约使用土地，提高土地使用效益，且有利于适当调节不同地区、不同地段之间的土地等级整理收入，促进企业加强经济核算，完善国家与土地使用者之间的分配关系。

据《中华人民共和国城镇土地使用税暂行条例》第二条规定：在城市、县城、建制镇、工矿区范围内使用土地的单位和个人，为城镇土地使用税（以下简称土地使用税）的纳税义务人（以下简称纳税人），应当依照本条例的规定缴纳土地使用税。

1.城镇土地使用税的纳税义务人

凡在城市、县城、建制镇、工矿区征税范围内,使用土地的中产阶层,都是城镇土地使用税的纳税人。具体包括国有企业、集体企业、私营企业、公司制企业、外商投资企业、外国企业以及其他企业;事业单位、社会团体、国家机关、军队以及其他单位;个体工商户及其他个人。

(1)拥有土地使用权的中产阶层是纳税人。

(2)拥有土地使用权的中产阶层不在土地所在地的,其土地的实际使用人和代管人为纳税人。

(3)土地使用权未确定的或权属纠纷未解决的,其实际使用人为纳税人。

(4)土地使用权共有的,共有各方都是纳税人,由共有各方分别纳税。如几个单位共有一块土地使用权,一方占60%,另两方各占20%,如果算出的税额为100万元,则分别按60%、20%、20%的比例负担土地使用税。

2.城镇土地使用税的征税范围

城市、县城、建制镇和工矿区的国家所有、集体所有的土地。

从2007年7月1日起,外商投资企业、外国企业和在华机构的用地也要征收城镇土地使用税。

(1)城市指经国务院批准设立的市。

(2)县城指县人民政府所在地。

(3)建制镇指经省、自治区、直辖市人民政府批准的按行政建制设立的镇。

（4）工矿区指工商业比较发达、人口比较集中、符合国务院规定的建制镇标准，但尚未设立镇建制的大中型工矿企业所在地，工矿区须经省、自治区、直辖市人民政府批准。

占用上述地区以外的土地，不需要缴纳城镇土地使用税。

（二）城镇土地使用税的计税依据和税率

1. 城镇土地使用税的计税依据

以实际占用的土地面积为计税依据。

（1）凡有由省、自治区、直辖市人民政府确定的单位组织测定土地面积的，以测定的面积为准。

（2）还没有组织测量，但持有政府部门核发的土地使用证书的中产阶层，以证书确认的土地面积为准。

（3）还没有核发土地使用证书的，应由中产阶层申报土地面积，据以纳税，待核发土地使用证以后再作调整。

注意：税务机关不能核定中产阶层实际使用的土地面积。

在实际工作中，城镇土地使用税计税依据按下列顺序确定：

（1）以实际测定的土地面积为计税依据。由省级人民政府确定的单位组织测定土地面积，以实际测定的土地面积为计税依据。

（2）以土地使用证书确认的土地面积为计税依据。尚未经省级人民政府确定的单位组织测定，但中产阶层纳税人持有国土资源管理部门核发的土地使用证书的，以土地使用证书确认的土地面积为计税依据。

（3）以纳税人据实申报的土地面积为计税依据。尚未核发土地使用证书的，暂以中产阶层纳税人据实申报的土地面积为计税依据，待土地面积正式确定后，再按测定的实际面积进行调整。

2.城镇土地使用税的税率

城镇土地使用税适用地区幅度差别定额税率。

城镇土地使用税采用定额税率，即采用有幅度的差别税额。按大、中、小城市和县城、建制镇、工矿区分别规定每平方米城镇土地使用税年应纳税额。城镇土地使用税每平方米年税额标准具体规定如下：

（1）大城市 1.5~30 元；

（2）中等城市 1.2~24 元；

（3）小城市 0.9~18 元；

（4）县城、建制镇、工矿区 0.6~12 元。

据《中华人民共和国城镇土地使用税暂行条例》第五条规定：省、自治区、直辖市人民政府，应当在前条所列税额幅度内，根据市政建设状况、经济繁荣程度等条件，确定所辖地区的适用税额幅度。

市、县人民政府会根据本地经济发展水平、土地利用状况和地价水平等，将本地区土地划分为若干等级，在省、自治区、直辖市人民政府确定的税额幅度内制定每一等级土地的具体适用税额标准，报省、自治区、直辖市人民政府批准执行。

经济发达地区和城市中心区，原则上会按税额幅度的高限确定适用税额标准。如果要突破税额幅度上限，进一步提高适用税额标准，则须报财

政部、国家税务总局批准（见《财政部、国家税务总局关于贯彻落实国务院关于修改〈中华人民共和国城镇土地使用税暂行条例〉的决定的通知》财税〔2009〕）。

经省级人民政府批准，经济落后地区可以降低适用税额，但降低额不得超过《城镇土地使用税暂行条例》规定的最低税额的30%。

（三）城镇土地使用税的应纳税额计算

城镇土地使用税的应纳税额，依据中产阶层纳税人实际占用的土地面积和土地所在地段的适用税额计算，其计算公式如下：

全年应纳税额 = 占用计税土地面积 × 不同等级年适用税额

本期应纳税额 = 全年应纳税额 ÷ 按规定缴纳次数

需要注意的是，在实际工作中，中产阶层纳税人如果在年中增加或减少土地，应先计算城镇土地使用税全年应纳税额，然后除以12并乘以计税月数，确定当期或当年的应纳税额。

以上内容引自现行《中华人民共和国城镇土地使用税暂行条例》。

（四）城镇土地使用税纳税义务发生的时间

城镇土地使用税纳税义务发生的时间如下：

中产阶层购置新建商品房，自房屋交付使用之次月起，缴纳城镇土地使用税。

中产阶层购置存量房，自办理房屋权属转移、变更登记手续，房地产权属登记机关签发房屋权属证书之次月起，缴纳城镇土地使用税。

中产阶层出租、出借房产，自交付出租、出借房产之次月起，缴纳城镇土地使用税。

以上内容见《国家税务总局关于房产税城镇土地使用税有关政策规定的通知》国税发〔2003〕89号。

中产阶层以出让或转让方式有偿取得土地使用权，由受让方从合同约定交付土地时间的次月起缴纳城镇土地使用税；合同未约定交付土地时间的，由受让方从合同签订的次月起缴纳城镇土地使用税。

见《财政部、国家税务总局关于房产税城镇土地使用税有关政策的通知》财税〔2006〕186号。

新征用的耕地，自批准征收之日起满1年时开始缴纳城镇土地使用税；新征用的非耕地，自批准征用次月起缴纳城镇土地使用税。征用的耕地与非耕地，以土地管理机关批准征地的文件为依据确定。

见《国务院关于废止和修改部分行政法规的决定》国务院令〔2011〕588号。

二、中产阶层税收常见问题答疑

（一）农村居民占用耕地新建住宅，需要缴纳土地使用税

农村居民占用耕地新建住宅，按照当地适用税额减半征收耕地占用税。

自2019年9月1日起，农村居民在规定用地标准以内占用耕地新建自用住宅，按照当地适用税额减半征收耕地占用税。其中农村居民经批准搬迁，新建自用住宅占用耕地不超过原宅基地面积的部分，不用缴纳耕地占

用税。

1. 享受条件

农村居民占用耕地新建住宅,指农村居民经批准在户口所在地按照规定标准占用耕地建设自用住宅。

2. 政策依据

(1)《中华人民共和国耕地占用税法》第七条第三款(注:《中华人民共和国耕地占用税法》自2019年9月1日起施行。2007年12月1日国务院公布的《中华人民共和国耕地占用税暂行条例》同时废止)。

(2)《中华人民共和国耕地占用税暂行条例》第十条第一款。

(3)《中华人民共和国耕地占用税暂行条例实施细则》第十八条第一款。

(二)地下建筑该如何缴纳土地使用税

地下建筑物需要缴房产税和城镇土地使用税,特殊情况下不缴。具体要如何判断缴税呢?应该分两种情况来看:一是单独建造的地下建筑物,二是与地上建筑相连的地下建筑物。

1. 单独建造的地下建筑物

(1)房产税。财税〔2005〕181号文规定:如果用于工业,以房屋原价的50%~60%作为应税房产原值;如果用于商业,以房屋原价的70%~80%作为应税房产原值。

应税房产原值,本质就是将原先的价值打个折扣。具体折扣是多少,需要视当地省级税务机关的规定而定。应税房产原值再扣减一定比例的

10%~30%（扣减比例也由当地省级税务机关决定）是房产余值，房产余值乘以税率1.2%就是应缴纳的房产税。

出租的房产，按照出租地上房屋建筑的有关规定计算征收房产税。换言之，出租房产应缴纳的房产税，地上建筑物是如何计算，地下建筑物就如何计算，一视同仁，没有区别。

（2）城镇土地使用税。财税〔2009〕128号规定，"地下建筑用地暂按应征税款的50%征收城镇土地使用税"。城镇土地使用税也有优惠，可以减半征收。确定面积："对于已取得地下土地使用权证的，按土地使用权证确认的土地面积计算应征税款；未取得地下土地使用权证或地下土地使用权证上未标明土地面积的，按地下建筑垂直投影面积计算应征税款。"

2. 与地上建筑相连的地下建筑物

（1）房产税。财税〔2005〕181号规定：对于与地上房屋相连的地下建筑，如房屋的地下室、地下停车场、商场的地下部分等，应将地下部分与地上房屋视为一个整体，按照地上房屋建筑的有关规定计算征收房产税。出租的地下建筑，按照出租地上房屋建筑的有关规定计算征收房产税。简言之，房产税地下建筑视同地上。

（2）城镇土地使用税。没有文件单独对此进行规定。但按照《中华人民共和国城镇土地使用税暂行条例》第三条规定，土地使用税以中产阶层实际占用的土地面积为计税依据。同一块面积，地上建筑物已经缴了占地面积的土地税，地下建筑物占地就不需要再缴税了，否则就成了重复征税。

地上建筑物是住宅，个人单独把地下室出租，是否需要缴纳城镇土地使用税？按照财税〔2008〕24号规定："对个人出租住房，不区分用途，不用缴纳城镇土地使用税。"地下室根据房产证上的认定，也属于住房，所以出租地下室也不用缴纳城镇土地使用税。

第八章 中产阶层须知的主要税种（六）：城市维护建设税

一、中产阶层必备的税收常识

（一）城市维护建设税的义务人和征税范围

城市维护建设税，又称城建税，是以中产阶层实际缴纳的产品税、增值税税额为计税依据，依法计征的一种税。

城市维护建设税的特征：以中产阶层实际缴纳的产品税、增值税税额为计税依据，与产品税、增值税同时缴纳；加强城市的维护建设，扩大和稳定城市维护建设资金的来源。

从事工商经营的中产阶层，如果缴纳了增值税、消费税，就要缴纳城市维护建设税。

城市维护建设税具有以下几个特点：税款专款专用，保证用于城市公用事业和公共设施的维护与建设；是一种附加税，其本身没有特定的课税对象，征管方法完全比照"三税"（增值税、营业税、消费税）的有关规定办理；根据城镇规模设计不同的比例税率，按照纳税人所在地的不同，

分设7%、5%、1%三档税率。见2020年8月11日，第十三届全国人民代表大会常务委员会第二十一次会议通过《中华人民共和国城市维护建设税法》，本法自2021年9月1日起施行。

1.城市维护建设税的纳税义务人

城市维护建设税的纳税义务人，指缴纳增值税、消费税义务的单位和个人。自2010年12月1日起，对外商投资企业、外国企业及外籍个人开始征收城市维护建设税。

负有缴纳增值税、消费税义务的中产阶层，并不是在缴纳增值税和消费税同时，才需要缴纳城市维护建设税。而是除特殊环节（进口）外，只要缴纳了增值税和消费税中的任何一种税，都需要缴纳城市维护建设税。

城市维护建设税的代扣代缴义务人，同时是"三税"的代扣代缴义务人。

2.城市维护建设税的征税范围

城市维护建设税的征税范围包括城市、县城、建制镇以及税法规定征税的其他地区。

城市、县城、建制镇的范围应根据行政区划作为划分标准，不能随意扩大或缩小各行政区域的管辖范围。

（二）城市维护建设税的税率

城市维护建设税是以中产阶层实际缴纳的流通转税额为计税依据征收的一种税，纳税环节确定在中产阶层缴纳的增值税、消费税的环节上，从商品生产到消费流转过程中只要发生增值税、消费税当中一种税的纳税行为，就要以此为依据计算缴纳城市维护建设税。

城市维护建设税的税率设计，坚持纳税人受益与负担相一致的原则，贯彻区别对待、合理负担的政策精神。

城市维护建设税实行地区差别比例税率：

（1）中产阶层纳税人所在地在城市市区，税率为7%；

（2）中产阶层纳税人所在地在县城、镇，税率为5%；

（3）中产阶层纳税人所在地不在城市市区、县城、镇的，税率为1%。

城市指按国家行政建制设立的直辖市、设区的市和县级市；镇指省级人民政府按行政建制批准设立的镇，即建制镇。

关于市区、县城、建制镇的范围，应按行政区划作为划分标准。行政区划亦称行政区域，是国家为便于行政管理而分级划分的区域。

内容引自《财政部关于城市维护建设税几个具体问题的补充规定》财税〔1985〕143号、《财政部关于〈中华人民共和国城市维护建设税暂行条例〉执行日期等问题的通知》财税字〔1985〕55号

（三）城市维护建设税的计算和免征

1.城市维护建设税的税额计算

城市维护建设税应纳税额的计算比较简单，计税方法基本上与"二税"（增值税和个人所得税）一致，其计算公式为：

应纳税额＝（实际缴纳增值税＋消费税）×适用税率

根据财税〔2005〕25号规定：自2005年1月1日起，就生产企业出口货物全面实行免抵退税办法后，经国家税务总局正式审核批准的当期免

抵的增值税税额应纳入城市维护建设税和教育费附加的计征范围，分别按规定的税（费）率征收城市维护建设税和教育费附加。

2005年1月1日前，已按免抵的增值税税额征收的城市维护建设税和教育费附加不再退还，未征的不再补征。

可见，公式中的增值税部分还应加上生产企业出口货物实行免抵退税办法产生的免抵税额；如果当期有免抵税额，一般在生产企业免抵退汇总表中会有所呈现。

实行免抵退的生产企业的城建税计算公式应为：

应纳税额=（增值税应纳税额+当期免抵税额+消费税）×适用税率

2. 城市维护建设税的征免

城市维护建设税的征免规定：

对出口产品退还增值税、消费税的，不退还已缴纳的城市维护建设税。

海关对进口产品代征的增值税、消费税，不征收城市维护建设税。

对"二税"实行先征后返、先征后退、即征即退办法的，除另有规定外，对随"二税"附征的城市维护建设税，一律不予退（返）还。

3. 城市维护建设税的减免

城市维护建设税由于是以中产阶层实际缴纳的增值税、消费税为计税依据，并随增值税、消费税征收，因此减免增值税、消费税也就意味着减免城市维护建设税，所以城市维护建设税一般不能单独减免。但是，如果中产阶层确有困难需要单独减免的，可以由省级人民政府酌情给予减税或免税照顾。

减少或免除城市维护建设税税负的优待规定。城建税以"二税"的实缴税额为计税依据征收,一般不规定减免税,但下列情况可不用缴纳城建税:

(1)海关对进口产品代征的流转税,不用缴纳城建税;

(2)从1994年起,三峡工程建设基金,不用缴纳城建税;

(3)2010年12月1日前,中外合资企业和外资企业不用缴纳城建税。2010年12月1日以后,根据2010年10月18日颁布的《国务院关于统一内外资企业和个人城市维护建设税和教育费附加制度的通知》,外商投资企业、外国企业及外籍个人适用国务院1985年发布的《中华人民共和国城市维护建设税暂行条例》和1986年发布的《征收教育费附加的暂行规定》。

需要特别注意如下两点:

(1)出口产品退还增值税、消费税的,不退还已纳的城建税;

(2)"二税"先征后返、先征后退、即征即退的,不退还城建税。

(四)城市维护建设税的征收方式

1. 城市维护建设税的纳税期限和纳税地点

按照规定,城市维护建设税应当与"二税"同时缴纳,自然其纳税期限和纳税地点也与"二税"相同。比如某施工企业所在地在A市,而本期它在B市承包工程,按规定应当就其工程结算收入在B市缴纳增值税,相应地,也应当在B市缴纳与增值税相应的城市维护建设税。

2.城市维护建设税的预缴税款

企业应当于月度终了后在进行"二税"申报的同时,进行城市维护建设税的纳税申报。

对于按规定以1日、3日、5日、10日、15日为一期缴纳"二税"的中产阶层,应在按规定预缴"二税"的同时,预缴相应的城市维护建设税。

对于以1个月为一期缴纳"二税"的施工企业,应当在缴纳当月全部"二税"税额时,同时按照纳税申报表确定的应纳税额全额缴纳城市维护建设税。

以上内容源自《中华人民共和国城市维护建设税法》。

二、中产阶层税收常见问题答疑

(一)如何理解"纳税人所在地"的适用税率

城市维护建设税的适用税率,按纳税人所在地的适用税率执行。

此处的"纳税人所在地"不是指中产阶层纳税人缴纳"三税"的税务机关所在地,不能以纳税人缴纳"三税"的税务机关所在地为依据来确定城市维护建设税的适用税率。

(二)城市维护建设税怎么申报

城市维护建设税的申报缴纳如下:

1.纳税期限

城市维护建设税的纳税期限为1日、3日、5日、10日、15日或1个月。中产阶层的纳税期限由主管税务机关根据实际情况具体核定。不能按固定期限计算纳税的，可以按次计算纳税。

2. 纳税地点

城建税与增值税、消费税同时缴纳，缴纳地点就是缴纳城建税的地点。但以下几种情况纳税地点有特殊规定：

（1）代扣代缴、代收代缴"三税"的中产阶层，同时也是城市维护建设税的代扣代缴、代收代缴义务人，其城建税的纳税地点在代扣代缴地。

（2）跨省开采的油田，下属生产单位与核算单位不在一个省内的，它们生产的原油在油井所在地缴纳增值税，其应纳税款由核算单位按照各油井的产量和规定税率，计算汇拨各油井缴纳。所以，各油井应纳的城建税应由核算单位计算，随同增值税一并汇拨油井所在地，由油井在缴纳增值税的同时，一并缴纳城建税。

（3）对管道局输油部分的收入，由取得收入的各管道局于所在地缴纳。

第九章　中产阶层须知的主要税种（七）：耕地占用税

一、中产阶层必备的税收常识

（一）耕地占用税的纳税义务人和征税范围

为了加强土地管理，保护耕地，合理利用土地资源，国务院于1987年4月1日发布了《中华人民共和国耕地占用税暂行条例》。2018年12月29日，第十三届全国人民代表大会常务委员会第七次会议通过了《中华人民共和国耕地占用税法》，自2019年9月1日起施行。

1. 耕地占用税的纳税义务人

《中华人民共和国耕地占用税法》第二条规定："在中华人民共和国境内占用耕地建设建筑物、构筑物或者从事非农业建设的单位和个人，为耕地占用税的纳税人，应当依照本法规定缴纳耕地占用税。"

第十一条规定："纳税人因建设项目施工或者地质勘查临时占用耕地，应当依照本法的规定缴纳耕地占用税。纳税人在批准临时占用耕地期满之日起一年内依法复垦，恢复种植条件的，全额退还已经缴纳的耕地占用税。"

所称单位,包括国有企业、集体企业、私营企业、股份制企业、外商投资企业、外国企业以及其他企业和事业单位、社会团体、国家机关、部队以及其他单位;所称个人,包括个体工商户以及其他个人。

所称建房,包括建设建筑物和构筑物。农田水利占用耕地,不征收耕地占用税;占用园地建房或从事非农业建设,视同占用耕地,征收耕地占用税。

耕地占用税以中产阶层纳税人实际占用的耕地面积为计税依据,按照规定的适用税额,由税务机关负责征收。

2. 耕地占用税的征税范围

耕地占用税的征税范围是占用耕地建设建筑物、构筑物或从事非农业建设的行为。

确定耕地占用税征税对象,侧重两个要素:一是建设行为;二是被占用耕地。

耕地,即用于种植农作物的土地。如种植粮食作物、经济作物的农田,也包括种植蔬菜和果树的菜地、园地,还包括其附属的土地,如田间道路等。需要注意的是,中产阶层占用耕地建设农田水利设施,不用缴纳耕地占用税。农田水利用地属于农业用地的一部分,不属于建设用地,不用办理农用地转用手续,也不必征税。

占用园地、林地、草地、农田水利用地、养殖水面、渔业水域滩涂以及其他农用地建设建筑物、构筑物或从事非农业建设,要参考占用耕地,

缴纳耕地占用税。中产阶层占用上述农用地，建设直接为农业生产服务的生产设施，不缴纳耕地占用税。

3. 耕地占用税的纳税义务发生时间

经批准占用耕地的，耕地占用税纳税义务发生时间为中产阶层纳税人收到土地管理部门办理占用农用地手续通知的当天。未经批准占用耕地的，耕地占用税纳税义务发生时间为自然资源主管部门认定的纳税人实际占用耕地的当天。

（二）耕地占用税的计算方法

我国地区之间人口密度不同，人均占有耕地相差悬殊，生产力和经济发展水平也不平衡。因此，在设计耕地占用税的税率时，不同地区采用不同的税率。

1. 耕地占用税的税率

耕地占用税的税率规定如下：

（1）人均耕地不超过 1 亩的地区（以县、自治县、不设区的市、市辖区为单位），每平方米为 10~50 元；

（2）人均耕地为 1~2 亩的地区，每平方米为 8~40 元；

（3）人均耕地为 2~3 亩的地区，每平方米为 6~30 元；

（4）人均耕地超过 3 亩的地区，每平方米为 5~25 元。

各地区耕地占用税的适用税额，由省、自治区、直辖市人民政府根据人均耕地面积和经济发展等情况，在规定的税额幅度内提出，报同级人民代表大会常务委员会决定，报全国人民代表大会常务委员会和国务院备案。

如果地区人均耕地低于 0.5 亩，省、自治区、直辖市会根据当地经济发展情况，适当提高耕地占用税的适用税额，但提高的部分不会超过确定适用税额的 50%。

占用基本农田的中产阶层，应当按照确定的当地适用税额的 150% 交纳。

2. 耕地占用税的计税依据

各省、自治区、直辖市耕地占用税适用税额的平均水平，不能低于耕地占用税法所附《各省、自治区、直辖市耕地占用税平均税额表》规定的平均税额。各地平均税额如表 9-1 所示。

表 9-1　各省、自治区、直辖市耕地占用税平均税额

地区	每平方米平均税额（元）
上海	45
北京	40
天津	35
江苏、浙江、福建、广东	30
辽宁、湖北、湖南	25
河北、安徽、江西、山东、河南、重庆、四川	22.5
广西、海南、贵州、云南、陕西	20
山西、吉林、黑龙江	17.5
内蒙古、西藏、甘肃、青海、宁夏、新疆	12.5

3. 耕地占用税的计税方法

耕地占用税以中产阶层纳税人实际占用的耕地面积为计税依据，以每平方米土地为计税单位，按照规定的适用税率，一次性计算征收。其计算公式为：

应纳税额 = 实际占用耕地面积（平方米）× 适用定额税率

以上内容源自《中华人民共和国耕地占用税法》，自 2019 年 9 月 1 日起施行。

（三）哪些土地需要交纳耕地占用税

耕地指的是可以用来种植农业作物的土地，通常包括菜地、园地。占用鱼塘或者其他农用土地建房，也属于占用耕地，需要交纳耕地占用税。

1. 哪些行为需要交耕地占用税

不是所有中产阶层都要交纳耕地占用税，按照《中华人民共和国耕地占用税法》规定，只有下面三种情况才交：

（1）耕地非农业开发。

中产阶层在耕地上进行庄园、球场、驾校等非农业的开发，占用和破坏了土地资源，就要征收这笔费用。如果中产阶层违规违法利用耕地开展非农业建设，还会遭到一定数额的处罚。

（2）耕地建构筑物。

所谓的构筑物指用于生产活动的，但不能进行居住生活的设施，即在耕地上破坏了耕地层的建筑物，比如挖掘水塘，并在其中进行水泥硬化；在耕地上建造水泥杆等。这些东西都占用了耕地，因此需要收取这笔费用。

（3）耕地建房。

在农村，如果中产阶层没有申请到宅基地，就不能私自占用耕地来建房。一旦违规，将收取这笔费用。

2. 不同情况，耕地占用税额不同

不同情况，使用的耕地占用税额也不同。据《中华人民共和国耕地占用税法》规定，可以发现如下：

（1）多交税。

①在人均耕地低于0.5亩的地区，可以根据当地经济发展情况，适当提高耕地占用税的适用税额，但提高的部分不得超过适用税额的50%。

②占用基本农田从事非农业建设，会按当地规定的适用税额，加按150%征收。

（2）少交税。

①在当地规定用地标准以内，占用耕地新建自用住宅，可减半征收耕地占用税。

②铁路线路、公路线路、飞机场跑道、停机坪、港口、航道、水利工程占用耕地，减按2元/平方米的税额征收。

（3）免交税。

①占用耕地修建农田水利设施，比如沟渠、蓄水池、水井、水窖等，不用缴纳耕地占用税。

②中产阶层被批准搬迁，新建房屋占用耕地没有超过原宅基地面积，不用缴纳耕地占用税。

③中产阶层占用农用地（耕地除外），建设直接为农业生产服务的生产设施，比如存放农机具、种子等的仓库等，不用缴纳耕地占用税。

④农村四类人员——烈士遗属、因公牺牲军人遗属、残疾军人、符合最低生活保障条件者，在当地规定的用地标准内占用耕地盖房子，不用缴

纳耕地占用税。

（四）耕地占用税的优惠政策

按照《中华人民共和国耕地占用税法》及《实施办法》的规定，免征、减征耕地占用税的部分项目按以下规定执行：

1. 免税的社会福利机构

免税的社会福利机构，指依法登记的养老服务机构、残疾人服务机构、儿童福利机构及救助管理机构、未成年人救助保护机构内专门为老年人、残疾人、未成年人及生活无着落的流浪乞讨人员提供养护、康复、托管等服务的场所。

（1）养老服务机构。

这种机构主要为老年人提供养护、康复、托管等服务，具体包括：老年社会福利院、养老院（或老人院）、老年公寓、护老院、护养院、敬老院、托老所、老年人服务中心等。

（2）残疾人服务机构。

这类机构主要为残疾人提供养护、康复、托管等服务。具体包括：为肢体、智力、视力、听力、语言、精神方面有残疾的人员提供康复和功能补偿的辅助器具，为其进行康复治疗、康复训练，承担教育、养护和托管服务的社会福利机构。

（3）儿童福利机构。

这种机构主要为孤、弃、残儿童提供养护、康复、医疗、教育、托管等服务。具体包括：儿童福利院、社会福利院、SOS儿童村、孤儿学校、残疾儿童康复中心、社区特教班等。

（4）社会救助机构。

这类机构主要为生活无着落的流浪乞讨人员提供寻亲、医疗、未成年人教育、离站等服务。具体包括：县级以上人民政府设立的救助管理站、未成年人救助保护中心等专门机构。

2. 免税的医疗机构

免税的医疗机构指的是县级以上人民政府卫生健康行政部门批准设立的医疗机构内专门从事疾病诊断、治疗活动的场所及其配套设施。

3. 减税的公路线路

经批准建设的国道、省道、县道、乡道和属于农村公路的村道的主体工程以及两侧边沟或者截水沟，免收耕地占用税。具体包括：高速公路、一级公路、二级公路、三级公路、四级公路和等外公路的主体工程及两侧边沟或者截水沟。

二、中产阶层耕地占用税常见问题答疑

（一）耕地占用税每年都要交，还是一次性缴纳？

耕地占用税是一次性征收缴纳的，不是每年都交。

耕地占用税是国家对占用耕地建房或从事其他非农业建设的中产阶层，依据实际占用耕地面积、按照规定税额一次性征收的一种税。

耕地占用税属行为税范畴。耕地占用税是我国对占用耕地建房或从事非农业建设的单位或个人所征收的一种税。那么，交了耕地占用税还算违

章建筑吗？

违章建筑是一个专有名词，有着特殊内涵，它不是违章与建筑两词的简单组合。从广义上来讲，违章建筑主要包括未取得规划许可证和建设工程规划许可证，或违反规划许可证规定进行建设的建筑物。

因此，缴纳了耕地占用税后，还必须取得规划许可证和建设工程规划许可证，并且不能违反规划许可证规定。否则，即使缴纳了耕地占用税，也属于违章建筑。

已经缴纳耕地占用税并且已经开工建设的单位，应该抓紧时间前往有关部门办理申报审批手续，以最大限度避免不必要的损失。

（二）什么情形可以申请减免耕地占用税？

哪些情形可以申请减免耕地占用税呢？具体情况如下所示：

（1）农村居民经批准在户口所在地按照规定标准占用耕地建设自用住宅，按照当地适用税额减半征收耕地占用税。

（2）农村居民经批准搬迁，原宅基地恢复耕种，凡新建住宅占用耕地不超过原宅基地面积的，不征收耕地占用税；超过原宅基地面积的，对超过部分按照当地适用税额减半征收耕地占用税。

（3）农村烈士遗属、残疾军人、鳏寡孤独以及革命老根据地、少数民族聚居区和边远贫困山区生活困难的农村居民，在规定用地标准以内新建住宅缴纳耕地占用税确有困难的，经所在地乡（镇）人民政府审核，报经县级人民政府批准后，可以免征或者减征耕地占用税。

申请减免耕地占用税所需的资料包括：土地管理部门批准占用耕地的

文件；建设部门批准的建设项目立项文书；有关权威部门出具的纳税单位性质证明；单位地址、联系方式；征收机关要求提供的其他资料。

（三）耕地转为建设用地，需要符合的规定及办理的手续

集体农用地转为建设用地需要符合哪些程序性规定？需要办理哪些手续？

1. 选择符合规划的集体农用地

对于在集体农用地上进行建设项目的单位，应当首先向国土、住建、规划等部门咨询该集体农用地是否可以用于建设，即是否符合土地利用总体规划、城市建设总体规划、土地利用年度计划确定的农用地转用指标。涉及村庄和集镇占用农用地进行建设的，还应当符合村庄、集镇规划。如果集体农用地列入限制或禁止供地项目、不符合土地利用总体规划，则不能办理农用地转用手续。

2. 编制建设项目可行性报告

在集体农用地可以用于建设的前提条件下，用地单位根据住建部门的要求，编制建设项目可行性报告，住建部门审查合格及用地单位缴纳一定费用后，由住建部门颁发《建设项目选址意见书》。

3. 提出用地预审申请

用地单位需针对自己需要选择用于建设项目的集体农用地，持《建设项目选址意见书》，并填写建设项目用地预审申请表、预审申请报告（包括建设项目的选址、规模等情况）、建设项目建议书批复文件及可行性报告（如果批复文件与可行性报告合一，则仅提供可行性研究报告即可）等，向

国土部门提出用地预审申请。国土部门审查后，出具《建设项目用地预审意见书（或报告书）》。该《建设项目用地预审意见书》的有效期为3年。

4. 办理立项等手续

用地单位持《建设项目用地预审意见书》向建设部门、规划部门等办理立项、规划手续，并缴纳各项审批费用。对于一些特殊的建设项目，可能还需要向其他政府部门申请办理相关许可手续。比如：水泥厂、钢铁厂等建设项目，由于可能会对环境造成一定的污染，因此还需要向生态环境局办理环境保护许可手续。

5. 办理审批手续

国土部门根据土地利用总体规划、城市建设总体规划和土地利用年度计划，拟订农用地转用方案、补充耕地方案、征地方案和供地方案，并报各级人民政府审批。注意：农村集体经济组织占用本组织内的集体用地、有关单位占用国有农用地的，则不用拟订征地方案。

6. 办理征地手续

国土部门对集体农用地进行征收，与农用地的使用权人签订补偿安置协议，办理征地手续。否则，政府部门有权拒绝发放上述批准文件，被征地农民也有权阻止建设单位施工。如果用地单位存在未批先用的违法情形，则被征收人可以向相关部门申请查处。

7. 领取用地批准文件

在用地单位按期足额支付征地补偿款后，国土部门会向用地单位颁发批准用地文件及《建设用地批准书》。

8.缴纳土地出让费

通过缴纳土地出让费后可获得土地使用权。在集体农用地被征收后，该集体农用地即变为国有土地，国土部门会与用地单位签订《国有土地使用权出让合同》，出让该集体农用地，用地单位应当缴纳相应的土地出让费用。在缴纳土地出让金后，用地单位便可获得该国有土地的使用权。

9.建设使用土地

用地单位在签订《国有土地使用权出让合同》并缴纳出让金后，便可以向相关部门办理施工许可证，进行施工建设。

第十章 中产阶层须知的主要税种（八）：土地增值税

一、中产阶层必备的税收常识

（一）土地增值税的征税范围

中产阶层想要了解有偿转让国有土地使用权及地上的建筑物和其附着物等产权，就需要了解土地增值税的相关政策和税率。

与其他税种相比，土地增值税具有以下四个特点：

一是以转让房地产的增值额为计税依据。如以下公式所示：土地增值税的增值额＝中产阶层的全部收入额－成本、费用、税金及其他项目金额。

二是征税面比较广。在我国境内转让房地产并取得收入的中产阶层，除税法规定免税的情况外，都要按照土地增值税暂行条例规定来缴纳土地增值税。也就是说，只要中产阶层发生了应税行为，不论其经济状况如何，是在公司就职还是自己创业，都要缴纳土地增值税。

三是实行超率累进税率。土地增值税的税率是以转让房地产增值率的高低为依据来确认的，按照累进原则设计，实行分级计税。增值率高的，税率高,多纳税;增值率低的,税率低,少纳税。

四是实行按次征收。土地增值税在房地产发生转让的环节实行按次征收,每发生一次转让行为,就要根据取得的增值额征一次税。

土地增值税的征税范围如下所述。

1. 一般规定

根据《土地增值税暂行条例》及其实施细则的规定,土地增值税的征税对象是有偿转让国有土地使用权、地上建筑物及其附着物产权所取得的增值额。

具体来说,土地增值税的征税范围包括以下三种情况:

(1)转让国有土地使用权。通过转让方式,有偿受让其他土地使用者的土地使用权后,仅对土地进行通水、通电、通路和平整地面等土地开发,不进行房屋开发。

(2)开发房地产销售商品房。这种情况指取得国有土地使用权后进行房屋开发并销售的行为,习惯称作房地产开发。因为房依地建、地为房载,二者不可分离,所以开发房产企业在销售商品房的同时,商品房占用范围内的土地使用权也随之转移。需要注意的是,在我国进行房地产交易时,会将房产和地产合在一起计价,通常称为房价。

(3)转让旧房及建筑物。指的是拥有房产的中产阶层将自己购买的已经建成并已投入使用的房屋转让给他人。转让旧房及建筑物的同时,该房屋占用范围内的土地使用权也随之转移,二者的价值一般以房价形式体现。

房地产开发企业开发后销售的商品房习惯称为增量房或新建房,即建成后未使用的房产;旧房及建筑物习惯称为存量房或二手房,即已使用一定时间或达到一定磨损程度的房产(见《财政部、国家税务总局关于土地增值税一些具体问题规定的通知》财税字〔1995〕48号)。

需要注意的是,根据《土地增值税暂行条例》规定,转让码头泊位、机场跑道等基础设施性质的建筑物,要征收土地增值税(见《国家税务总局关于转让地上建筑物土地增值税征收问题的批复》国税函〔2010〕347号)。

2. 特殊规定

依据《中华人民共和国土地增值税暂行条例》及其实施细则规定,以下情况征收或免征土地增值税:

(1)商业运用。中产阶层将房产转为自用或用于出租等商业用途,如果产权没有发生转移,就不用交纳土地增值税。

(2)房产转换。中产阶层进行房地产互换时发生了房产转移,需交纳土地增值税。如果是个人之间互换自有居住用房,经过当地税务机关审核后,无须交纳土地增值税。

(3)合作建房。中产阶层跟他人合作建房,一方出地,一方出资,双方合作建房,建成后按比例分房自用,不用交纳土地增值税。但建成后,如果需进行转让,就要交纳土地增值税。

(4)房屋租赁。中产阶层将房产或土地使用权租赁给承租人使用,承租人向中产阶层支付租金,中产阶层虽然取得了收入,但没有发生房产产权、土地使用权的转让,因此,不用交纳土地增值税。

（5）房产抵押。拥有房产或使用土地的中产阶层作为债务人或第三人向债权人提供不动产，作为清偿债务的担保，但不转移权属，房产的产权、土地使用权在抵押期间没有发生权属的变更。因此，如果对房地产进行抵押，抵押期间不用缴纳土地增值税。

（二）土地增值税的税率

土地增值税根据增值率的不同，实行四级超率累进税率。增值率是增值额与扣除项目金额之间的比值。

土地增值税税率具体规定如下：

（1）增值率没超过50%的部分，税率为30%；

（2）增值率超过50%、没超过100%的部分，税率为40%；

（3）增值率超过100%、没超过200%的部分，税率为50%；

（4）增值率超过200%的部分，税率为60%。

虽然税率差别较大，但不仅可以给正常的房地产开发经营给予一定的优惠和照顾，还能取得较高收益，并限制和调节炒买炒卖房地产的暴利行为。

需要注意的是，上述4级超率累进税率，每级"增值额未超过扣除项目金额"的比例，都包括本比例数。比如，增值额没超过扣除项目金额50%的部分，包括50%在内，都适用30%的税率（引自《国家税务总局关于印发土地增值税宣传提纲的通知》国税函发〔1995〕110号）。

土地增值税应纳税额的计算：

1.土地增值税应纳税额的计算公式

计算土地增值税应纳税额，要使用如下几个公式：

首先，要用转让房地产所取得的收入减去扣除项目金额，求得增值额。计算公式如下：

增值额 = 转让房地产收入 - 法定扣除项目金额

其次，用增值额除以扣除项目金额，求出增值率，根据增值率的高低确定适用税率。计算公式如下：

增值率 = 增值额 ÷ 扣除项目金额 × 100%

最后，用增值额乘适用税率，求出应纳税额。计算公式如下：

应纳税额 = ∑（每级距的增值额 × 适用税率）

实际工作中，直接采用《土地增值税暂行条例》规定的税率计算土地增值税较为烦琐，因此，一般采用速算扣除法计算土地增值税税额：先用增值额乘适用税率，然后减去扣除项目金额乘速算扣除系数，公式如下：

应纳税额 = 增值额 × 适用税率 - 扣除项目金额 × 速算扣除系数

速算扣除系数的计算公式如下：

本级系数 = 前级增值率上限 ×（本级税率 - 前级税率）+ 前级系数

2. 不同情况，采用不同的计算方法

土地增值税应纳税额，在不同的情形下使用不同的计算方法。

（1）转让国有土地使用权。

中产阶层单纯转让国有土地使用权，在扣除项目金额时，其扣除费用主要包括：土地出让金、征地费用、"三通一平"费用和耕地占用税、契税等税费。

计算土地增值税的顺序如下:

①计算转让国有土地使用权收入总额。

②汇集扣除项目金额。

③计算增值额。

④计算增值率并确定适用税率及扣除系数。

⑤计算应纳税额。

具体公式为:

应纳税额 = 增值额 × 适用税率 − 扣除项目金额 × 速算扣除系数

(2)开发房地产销售商品房。

中产阶层从事房地产开发并销售商品房,在汇集扣除项目金额时,要按规定对取得土地使用权所支付的金额与房地产开发成本之和加计20%扣除。

计算土地增值税的顺序如下:

①计算商品房销售收入总额。

②汇集扣除项目金额。

③计算增值额。

④计算增值率并确定适用税率及扣除系数。

⑤计算应纳税额。

具体公式为:

应纳税额 = 增值额 × 适用税率 − 扣除项目金额 × 速算扣除系数

(3)转让旧房及建筑物。

旧房及建筑物的转让,土地增值税的计算,关键在于评估重置成本,

参考相关因素计算、确定旧房及建筑物的评估价格。

计算土地增值税的顺序如下：

①确认房地产转让收入总额。

②计算评估价格，具体公式为：

评估价格＝重置成本 × 成新度折扣率

③汇集扣除项目金额。

④计算增值额。

⑤计算增值率并确定适用税率及扣除系数。

⑥计算应纳税额。

具体公式为：

应纳税额＝增值额 × 适用税率－扣除项目金额 × 速算扣除系数

以上内容源自《土地增值税暂行条例实施细则》。

（三）土地增值税的预征

中产阶层转让国有土地使用权取得的收入，需缴纳一定的土地增值税。《土地增值税暂行条例实施细则》（财法字〔1995〕6号）第十六条规定：在项目全部竣工结算前转让房地产取得的收入，由于涉及成本确定或其他原因而无法计算土地增值税的，可以预征土地增值税，待该项目全部竣工、办理结算后再进行清算，多退少补。具体办法由各省、自治区、直辖市地方税务局根据当地情况制定。

1. 土地增值税如何预征

交纳土地增值税，中产阶层应向房地产所在地主管税务机关办理纳税申报，并在税务机关核定的期限内缴纳。这里提及的房地产所在地指房地产的坐落地。如果中产阶层转让的房地产坐落在两个或以上地区的，就要按照房地产所在地分别申报纳税。

2. 土地增值税的预征率

原则上说，土地增值税的核定征收率不能低于5%。但《国家税务总局关于加强土地增值税征管工作的通知》（国税发〔2010〕53号）第四条"规范核定征收，堵塞税收征管漏洞"相关规定：为了规范核定工作，核定征收率原则上不得低于5%，各省级税务机关要结合本地实际，区分不同房地产类型制定核定征收率。

3. 核定征收纳税期限的确定

根据《财政部、国家税务总局关于土地增值税一些具体问题规定的通知》（财税字〔1995〕48号）第十条、第十二条和细则第十五条的规定：税务机关核定的纳税期限，应在纳税人签订房地产转让合同之后、办理房地产权属转让（即过户及登记）手续之前。

4. 预征土地增值税税额的计算

土地增值税核定征收税款，按照下面公式计算：

应缴税款 = 转让房地产收入（不包括增值税）× 核定征收率

举个例子：

2020年5月，在北京的周先生销售自己的别墅，取得1100万元（含税收入）预收款，所在地适用的土地增值税预征率为3%。那么，周先生应缴纳预征土地增值税多少元？

步骤1，计算周先生取得预售款预缴的增值税（建筑服务税率为10%）：

1100÷（1+10%）×3%=30（万元）

步骤2，计算土地增值税预征的计征依据：

土地增值税预征的计征依据 = 预收款 − 应预缴增值税税款

$$=1100-30$$

$$=1070（万元）$$

步骤3，计算土地增值税预征税额：

土地增值税预征税额 = 土地增值税预征的计征依据 × 预征率

$$=1070×3\%=32.1（万元）$$

5. 土地增值税核定征收的具体情形

《国家税务总局关于房地产开发企业土地增值税清算管理有关问题的通知》（国税发〔2006〕187号）第七条"土地增值税的核定征收"规定：企业有下列情形之一的，税务机关可以参照与其房产规模和收入水平相近的当地企业的土地增值税税负情况，按不低于预征率的征收率核定征收土地增值税：

（1）依照法律、行政法规的规定应当设置但未设置账簿的；

（2）擅自销毁账簿或拒不提供纳税资料的；

（3）虽然设置了账簿，但账目混乱或成本资料、收入凭证、费用凭证残缺不全，无法确定转让收入或扣除项目金额的；

（4）符合土地增值税清算条件，未按照规定的期限办理清算手续，经税务机关责令限期清算，逾期仍不清算的；

（5）申报的计税依据明显偏低，又无正当理由的。

二、中产阶层税收常见问题答疑

（一）转让土地使用权如何缴纳增值税

按照《财税36号文》关于土地使用权的注释，土地使用权应归属于无形资产中的自然资源使用权，但税率又区别于一般无形资产，适用9%增值税税率（3%增值税征收率）。同时，《财税36号文》还规定，"在转让建筑物或构筑物时一并转让其所占土地的使用权的，按照销售不动产缴纳增值税"。

那么，中产阶层转让土地使用权，具体应该怎样缴纳增值税呢？

依据《财政部、国家税务总局关于全面推开营业税改征增值税试点的通知》（财税〔2016〕36号）、《国家税务总局关于发布〈房地产开发企业销售自行开发的房地产项目增值税征收管理暂行办法〉的公告》（国家税务总局公告2016年第18号）和《财政部、国家税务总局关于进一步明确全面推开营改增试点有关劳务派遣服务、收费公路通行费抵扣等政策的通知》（财税〔2016〕47号）等的相关规定，中产阶层转让土地使用权，要区分中产阶层类型和转让的土地使用权所属时期来处理。

（1）中产阶层（不区分类型）转让2016年4月30日前取得的土地使用权，可以选用简易的计税方法，还可以使用差额缴纳增值税，使用公式：销售额＝已取得的全部价款＋价外费用－取得该土地使用权原价后，按照5%的征收率计算缴纳增值税。如果中产阶层不选择差额计税，应缴纳的增值税＝（取得的全部价款＋价外费用）×3%。

（2）中产阶层转让 2016 年 5 月 1 日后取得的土地使用权，但未在依法取得土地使用权的土地上进行基础设施和房屋建设，而是直接转让的，如果该中产阶层为一般纳税人，则应当按照转让无形资产，适用 9% 税率计算缴纳增值税。比如：该中产阶层为小规模纳税人，应以取得的全部价款和价外费用为销售额，按照 3% 的征收率计算应纳增值税。

（3）中产阶层转让 2016 年 5 月 1 日后取得的土地使用权，应按照转让无形资产处理。也就是说，中产阶层为一般中产阶层时，应缴纳的增值税 =（全部价款 + 价外费用）为销售额 ×9% 税率。如果中产阶层为小规模纳税人，应以取得的全部价款和价外费用为销售额，按照 3% 的征收率计算缴纳增值税。

（二）土地增值税清算，如何进行核定征收

土地增值税清算的方式有两种：一是查账征收，二是核定征收。

如某个房地产项目，商业开发产品占比较多、拿地较早及拿地较大，开发周期较长，如果能争取到核定征收，该项目整体税负就会大幅度降低。

下面，我们就来介绍一下满足核定征收的法定情形：

《中华人民共和国税收征收管理法》（以下简称《税收征管法》）第三十五条规定，中产阶层有下列情形之一的，税务机关有权核定其应纳税额：

（1）依照法律、行政法规的规定可以不设置账簿的中产阶层；

（2）依照法律、行政法规的规定应当设置账簿但未设置的中产阶层；

（3）擅自销毁账簿或拒不提供纳税资料的中产阶层；

（4）虽设置账簿，但账目混乱或成本资料、收入凭证、费用凭证残缺不全，无法查账的中产阶层；

（5）发生纳税义务，未按照规定的期限办理纳税申报，经税务机关责令限期申报，逾期仍不申报的中产阶层；

（6）申报的计税依据明显偏低，又无正当理由的中产阶层。

《财政部、国家税务总局关于土地增值税若干问题的通知》（财税〔2006〕21号）相关规定：对于转让的旧房及建筑物，既没有评估价格，又不能提供购房发票，地方税务机关可以根据《税收征管法》第三十五条的规定，实行核定征收。

《国家税务总局关于加强土地增值税征管工作的通知》（国税发〔2010〕53号）相关规定：核定征收必须严格依照税收法律法规规定的条件进行，中产阶层不能擅自扩大核定征收范围，不能在清算中出现"以核定为主、一核了之""求快图省"的做法，不能擅自将核定征收作为本地区土地增值税清算主要方式。对确需核定征收的，要严格按照税收法律法规的要求，从严、从高确定核定征收率。为了规范核定工作，核定征收率原则上不能低于5%。

（三）土地增值税都有哪些优惠政策

凡在我国境内转让房地产并取得收入的中产阶层，除税法规定免税的外，均应依照《中华人民共和国土地增值税暂行条例》的规定缴纳土地增值税。土地增值税现行优惠政策梳理如下：

1. 中产阶层以继承、赠予方式无偿转让房地产，不缴纳土地增值税

《中华人民共和国土地增值税暂行条例实施细则》第二条规定：中产阶层以继承、赠予方式无偿转让房地产，不用缴纳土地增值税。根据《财政部、国家税务总局关于土地增值税一些具体问题规定的通知》的规定，细则所称的"赠予"指如下两种：

（1）拥有房产和使用土地的中产阶层，将房屋产权、土地使用权赠予直系亲属或承担直接赡养义务人。

（2）拥有房产和使用土地的中产阶层，通过中国境内非营利的社会团体（中国红十字会、中国残疾人联合会、全国老年基金会、老区促进会以及经民政部门批准成立的其他非营利的公益性组织）、国家机关将房屋产权、土地使用权赠予教育、民政和其他社会福利、公益事业等。

2. 中产阶层销售住房，暂不用缴纳土地增值税

《财政部、国家税务总局关于调整房地产交易环节税收政策的通知》规定：中产阶层个人销售住房，不用缴纳土地增值税。换言之，中产阶层销售的住房，不论是普通住房，还是非普通住房，不论是首套住房，还是两套及两套以上住房，都不用缴纳土地增值税。

3. 中产阶层互换住房，免收土地增值税

根据《财政部、国家税务总局关于土地增值税一些具体问题规定的通知》第五条规定：中产阶层与他人互换自有居住用房地产，经当地税务机关核实，不用缴纳土地增值税。

4. 销售普通住房增值率未超过 20%，不用缴纳土地增值税

据《中华人民共和国土地增值税暂行条例》《中华人民共和国土地增值税暂行条例实施细则》规定：中产阶层建造普通标准住宅（指按所在地一般民用住宅标准建造的居住用住宅）出售，如果其增值率没有超过 20%，就不用缴纳土地增值税。

普通标准住宅应同时满足：住宅小区建筑容积率在 1.0 以上，单套建筑面积在 120 平方米以下；实际成交价格低于同级别土地上住房平均交易价格 1.2 倍以下。

各省、自治区、直辖市对普通住房的具体标准可能会适当上浮，但不会超过上述标准的 20%。

5. 因国家建设需要依法征用、收回的房地产，不用缴纳土地增值税

根据《中华人民共和国土地增值税暂行条例》第八条规定：因国家建设需要依法征用、收回的房地产，不用缴纳土地增值税。

6. 因城市实施规划、国家建设的需要而搬迁，中产阶层自行转让原房地产，不用缴纳土地增值税

《财政部、国家税务总局关于土地增值税若干问题的通知》中城市实施规划而搬迁，因旧城改造或因企业污染、扰民，而由政府或政府有关主管部门根据已审批通过的城市规划确定进行搬迁的情况。因国家建设需要而搬迁的，指因实施国务院、省级人民政府、国务院有关部委批准的建设项目而进行搬迁的情况。

7. 符合条件的企业变更改制后,不用缴纳土地增值税

根据《财政部、税务总局关于继续实施企业改制重组有关土地增值税政策的通知》的规定:

(1)有限责任公司(股份有限公司)整体改制为股份有限公司(有限责任公司),改制前的企业将国有土地使用权、地上的建筑物及其附着物(以下简称房地产)转移、变更到改制后的企业,不用缴纳土地增值税;

(2)企业分设为两个或两个以上与原企业投资主体相同的企业,原企业将房地产转移、变更到分立后的企业,不用缴纳土地增值税;

(3)两个或两个以上企业合并为一个企业,且原企业投资主体存续的,对原企业将房地产转移、变更到合并后的企业,不用缴纳土地增值税。

8. 房子改变用途,不用缴纳收土地增值税

根据《财政部、国家税务总局关于公共租赁住房税收优惠政策的公告》第四条规定:中产阶层转让旧房作为公租房房源,且增值额未超过扣除项目金额20%的,不用缴纳土地增值税。

享受上述税收优惠政策的公租房指纳入省、自治区、直辖市、计划单列市人民政府及新疆生产建设兵团批准的公租房发展规划和年度计划,或市、县人民政府批准建设,并按照《关于加快发展公共租赁住房的指导意见》和市、县人民政府制定的具体管理办法进行管理的公租房。

9. 合作建房、分房作为自用,暂不用缴纳土地增值税

根据《财政部、国家税务总局关于土地增值税一些具体问题规定的通知》的规定：如果房屋是一方出地、另一方出资金，双方合作建房，建成后按比例分房自用，不用缴纳土地增值税。

10. 被撤销金融机构用来清偿债务的房地产，不用缴纳土地增值税

根据《财政部、国家税务总局关于被撤销金融机构有关税收政策问题的通知》第二条规定：经中国人民银行依法决定撤销的金融机构及其分设于各地的分支机构，被撤销金融机构转让房地产，不用缴纳土地增值税。

第十一章　中产阶层须知的主要税种（九）：房产税

一、中产阶层必备的税收常识

（一）房产税的征收对象

开征房产税是近 5 年来大家比较关注的话题。虽然房产税征收问题饱受争议，但无论是从完善税制的角度，还是从稳定房价的角度，房产税开征都势在必行。目前，重庆、上海已正式试点开征房产税。

房产税是以房屋为征税对象，按房屋的计税余值或租金收入为计税依据，向产权所有人征收的一种税款。

早在中世纪时的欧洲，房产税就已经成为封建君主敛财的一项重要手段，且名目繁多，比如：窗户税、灶税、烟囱税等，多数以房屋的某种外部标志作为确定负担的标准。

对房屋征税，我国自古有之。《周礼》上所称"廛布"，就是最初的房产税。周朝的"廛布"，唐朝的间架税，清朝初期的"市廛输钞""计檩输钞"，清末和民国时期的"房捐"等，都是对房屋征税。

中华人民共和国成立后，1950年1月政务院公布《全国税政实施要则》，规定全国统一征收房产税。同年6月，将房产税和地产税合并为房地产税。

1951年8月8日，政务院公布《城市房地产税暂行条例》。

1973年简化税制，将试行工商税的企业缴纳的城市房地产税并入工商税，只对有房产的个人、外国侨民和房地产管理部门继续征收城市房地产税。

1984年10月，国营企业实行第二步利改税和全国改革工商税制时，确定对企业恢复征收城市房地产税。同时，鉴于中国城市的土地属于国有，使用者没有土地产权的实际情况，将城市房地产税分为房产税和土地使用税。

1986年9月15日，国务院发布《中华人民共和国房产税暂行条例》，决定从当年10月1日起施行。对在中国有房产的外商投资企业、外国企业和外籍人员仍征收城市房地产税。

房产税的征税对象是房产。所谓房产，就是有屋面和围护结构、能够遮风避雨、可供人们在其中生产、学习、工作、娱乐、居住或储藏物资的场所。独立于房屋的建筑物，比如：围墙、暖房、水塔、烟囱、室外游泳池等不属于房产，而室内游泳池属于房产。在出售前，对房地产开发企业来说，商品房是一种产品。因此，对房地产开发企业建造的商品房，在售出前，不征收房产税。但对售出前房地产开发企业已使用或出租、出借的商品房应按规定征收房产税。

负有缴纳房产税义务的单位与个人,房产税由产权所有人缴纳。产权属于全民所有的,由经营管理单位缴纳。产权出典的,由承典人缴纳;产权所有人、承典人不在房产所在地的,或产权未确定及租典纠纷未解决的,由房产代管人或使用人缴纳。因此,以上产权所有人,经营管理单位、承典人、房产代管人或使用人,统称房产税的纳税人。

(1)产权属国家所有的,由经营管理单位纳税;产权属中产阶层所有的,由中产阶层纳税。

(2)产权出典的,由承典人纳税。

(3)产权所有人、承典人不在房屋所在地的,由房产代管人或使用人纳税。

(4)产权未确定及租典纠纷未解决的,由房产代管人或使用人纳税。

(5)产权属于集体所有制的,由实际使用人纳税。

(6)拥有房产的外籍个人、海外华侨、港澳台同胞等,不用交纳房产税。

(二)房产税的征税范围

《中华人民共和国房产税暂行条例》(国发〔1986〕90号)第一条规定,房产税在城市、县城、建制镇和工矿区征收。1986年财政部和税务总局发布的《关于房产税若干具体问题的解释和暂行规定》(财税地字〔1986〕第008号)对房产税的征税范围进行进一步明确:

1. 城市

城市指经国务院批准设立的市,征税范围为市区、郊区和市辖县县城,不包括农村。

2. 县城

县城指未设立建制镇的县人民政府所在地。

3. 建制镇

建制镇指经省、自治区、直辖市人民政府批准设立的建制镇，征税范围为镇人民政府所在地，不包括所辖的行政村。

4. 工矿区

工矿区指工商业比较发达，人口比较集中，符合国务院规定的建制镇标准，但尚未设立镇建制的大中型工矿企业所在地。开征房产税的工矿区须经省、自治区、直辖市人民政府批准。

国税总局于1999年出台了《关于调整房产税和土地使用税具体征税范围解释规定的通知》（国税发〔1999〕44号）对房产税的征税范围进行了变化性的规定，该文件第二条规定如下：关于建制镇具体征税范围，由各省、自治区、直辖市地方税务局提出方案，经省、自治区、直辖市人民政府确定批准后执行，并报国家税务总局备案。对农林牧渔业用地和农民居住用房及土地，不征收房产税和土地使用税。该文件出台后，省、自治区、直辖市纷纷出台房产税的地方性规定，明确房产税具体的征税范围，且将建制镇的房产税征税范围扩大到所辖行政村，对位于农村的非农林牧渔业用地和非农民居住用房征收房产税。

比如，《重庆市人民政府关于印发重庆市房产税实施细则的通知》（渝府发〔2009〕44号）第二条规定：

凡坐落在本市城市（包括郊区，下同）、县城、建制镇和工矿区范围

内的房产，均应按照本细则的规定在本市缴纳房产税。

城市、县城、建制镇征收房产税的范围为城市、县城、建制镇的行政区域。但是，不同省份有不同的规定。

比如，《广东省房产税施行细则》第二条规定，房产税在下列区域范围征收：

（1）城市按市行政区域（含郊区）的区域范围；

（2）县城按县城镇行政区域（含镇郊）的区域范围；

（3）建制镇按镇人民政府所在地的镇区范围，不包括所辖的行政村。

因此，广东省的房产税征税范围不包括镇的行政村，即镇的农村。

中产阶层拥有的房屋是否缴纳房产税，应看房屋所在地的省、自治区、直辖市的地方性规定是否缴纳房产税。若只是简单地认为房屋建在农村无须缴纳房产税，将会造成不必要的纳税风险。

（三）房产税的税率

我国现行房产税采用比例税率。

房产税的计税依据分为两种形式：即价计征和从租计征。与此对应，房产税的税率也有两种：

（1）按房产原值一次减除10%~30%后的余值计征，税率为1.2%；

（2）按房产出租的租金收入计征，税率为12%。

两种税率几乎相差10倍，主要原因在于，经过测算后，房产的计税余值基本收益相当于房产标准租金的10倍。这样规定后有利于公平税负。

需要注意的是，为了支持住房租赁市场的发展，自2008年3月1日起，对于个人出租住房，不分用途，一律按4%的税率征收房产税（见《财政部、国家税务总局关于廉租住房经济适用住房和住房租赁有关税收政策的通知》）（财税〔2008〕24号）。

（四）房产税的计税依据

1. 房产税的从价计征

按照房产余值征税的，就是从价计征。

按照《房产税暂行条例》规定：如果房产是中产阶层自用，以房产原值一次减除10%~30%后的余值为计税依据。具体减除幅度由省、自治区、直辖市人民政府确定。

实际工作中，确定房产原值及余值的相关规定如下：

（1）房产原值指中产阶层纳税人根据国家有关会计制度规定核算的房屋原价，一般记录在会计账簿"固定资产"科目中。

需要注意的是，对依照房产原值计税的房产，不论是否被记载在会计账簿固定资产科目中，都要按照房屋原价计算缴纳房产税。如果纳税人没按国家会计制度规定核算并记载，应按规定予以调整或重新评估。

（2）房产原值包括与房屋不可分割的各种附属设备或一般不单独计算价值的配套设施。

主要包括：暖气、卫生、通风、照明、煤气等设备；各种管线，如蒸汽压缩空气、石油、给水排水等管道及电力、电信、电缆导线；电梯、升降机、过道、晒台等。

对于房屋附属设备和配套设施计征房产税上所遇到的问题，从 2006 年起，国家税务总局进一步予以明确：为了维持和增加房屋的使用功能或使房屋满足设计要求，以房屋为载体，不可随意移动的附属设备和配套设施，在会计核算中无论是否单独记账与核算，都要计入房产原值，计征房产税；更换房屋附属设备和配套设施，将其价值计入房产原值时，可以扣减原来相应设备和设施的价值；对附属设备和配套设施中易损坏、需要经常更换的零配件，更新后不再计入房产原值。

（3）地价应计入房产原值。

对按照房产原值计税的房产，无论会计上如何核算，房产原值都要包括地价、为取得土地使用权支付的价款、开发土地发生的成本费用等。

如果宗地容积率低于 0.5，按房产建筑面积的 2 倍计算土地面积，并据此确定计入房产原值的地价。

其中，宗地指土地使用权人的权属界址范围内的地块，容积率指项目用地范围内总建筑面积与项目总用地面积的比值。

（4）具备房屋功能的自用地下建筑要按规定比例确认应税原值计征房产税。

具备房屋功能的地下建筑，包括与地上房屋相连的地下建筑、完全建在地面以下的建筑、地下人防设施等地下建筑。

在房产税征税范围内，具备房屋功能、完全建在地面以下的地下建筑自用的，按以下方式计税：

工业用途房产，以房屋原价的 50%~60% 作为应税房产原值。

商业和其他用途房产，以房屋原价的70%~80%作为应税房产原值。

对于与地上房屋相连的地下建筑，比如房屋的地下室、地下停车场、商场的地下部分等，应将地下部分与地上房屋看作一个整体，按照地上房屋建筑的有关规定计算征收房产税。

2.房产税的从租计征

《房产税暂行条例》规定：房产出租的，以房产租金收入为计税依据。

所谓房产租金收入，就是拥有房屋产权的中产阶层出租房产使用权所得到的报酬，包括货币收入和实物收入。如果以劳务或其他形式抵付房屋租金，应根据当地同类房屋的租金水平，确定一个租金标准，依率计征。

需要注意的是，中产阶层将房产出租，计征房产税的租金收入不含增值税。免征增值税的，确定计税依据时，租金收入不扣减增值税额。在计征房产税时，税务机关核定的计税价格或收入不含增值税。

在实际工作中，关于从租计征的相关规定如下：

（1）承租人使用房产，以支付修理费抵交房产租金，仍应由房产的产权所有人依照规定缴纳房产税。

（2）出租的地下建筑，按照出租地上房屋建筑的有关规定计算征收房产税。

（3）不提供或不如实提供出租房屋合同（协议），以及租金低于同类房屋（区位、用途、结构、面积）实际租金水平的，税务机关可以依法予以核定。

（五）房产税的计算方法

根据税法规定，房产税的计算方法如下：

1.地上建筑物房产税的应纳税额

(1) 从价计征的应纳税额。

其计算公式如下：

应纳税额 = 应税房产余值 × 1.2%

应税房产余值 = 应税房产原值 × (1- 减除比例) 或

应纳税额 = 应税房产原值 × (1- 减除比例) × 1.2%

(2) 从租计征的应纳税额。

其计算公式如下：

应纳税额 = 租金收入 × 12%

2.地下建筑物房产税的应纳税额

中产阶层自用的完全建在地面以下的地下建筑，以其房屋原价按规定的比例折算为应税房产原值，在此基础上扣除《房产税暂行条例》规定的原值减除比例作为计税依据，计算征收房产税。

(1) 工业用途房产，以房屋原价的 50%~60% 作为应税房产原值。

计算公式如下：

应纳税额 = 应税房产原值 × (1- 减除比例) × 1.2%

应税房产原值 = 应税房产原价 × (50%~60%)

(2) 商业和其他用途房产，以房屋原价的 70%~80% 作为应税房产原值。

计算公式如下：

应纳税额 = 应税房产原值 × (1- 减除比例) × 1.2%

应税房产原值 = 应税房产原价 × (70%~80%)

(3) 出租地下建筑,按照出租地上建筑的有关规定计算征收房产税。

计算公式如下:

应纳税额 = 租金收入 × 12%

需要注意的是,上述房产税的应纳税额均按照全年计算。在实际工作中,除了分期缴纳外,还存在年中增加或减少房产的情况,应先计算房产税全年应纳税额,然后除以 12 并乘以计税月数,确定当期或当年应纳税额。

二、中产阶层税收常见问题答疑

(一) 未办理房产证是否需要交房产税

根据《房产税暂行条例》第二条规定:房产税由产权所有人缴纳。产权属于全民所有的,由经营管理的单位缴纳;产权出典的,由承典人缴纳;如果产权所有人、承典人不在房产所在地,或产权未确定及租典纠纷未解决时,由房产代管人或使用人缴纳。

根据《财政部、税务总局关于房产税若干具体问题的解释和暂行规定》(财税地字〔1986〕第 008 号)第十九条规定:中产阶层自建的房屋,自建成之次月起,就要交纳房产税;中产阶层委托施工企业建设的房屋,从办理验收手续之次月起征收房产税;中产阶层在办理验收手续前已使用或出租、出借的新建房屋,应按规定征收房产税。

根据上述规定得出结论:无论中产阶层是否取得房产证,只要属于房

产税的纳税义务人，就要按规定缴纳房产税。

（二）房产税会直接导致房价的下跌吗

从短期来看，炒房的中产阶层，为了避免被征收惩罚性房产税，会抛出多余房产。"刚需族"会对房价下跌幅度产生较多幻想，因此选择观望。此外，社会舆论还会使人们对房产税异常恐惧。这三个因素极可能在房产税开征的早期阶段导致房价下跌。

从长期来看，随着收入水平的不断提高，中产阶层家庭数量的不断增多，人们对优质公共产品的需求也会不断增加。人们对生活品质的追求，终将反映到住房上。如果未来首套房不用缴纳房产税，不考虑其他因素，在大城市和小城市各有一套住房，你会卖出哪一套？如果你心仪两处房产，一套在大城市，另一套在小城市，你买哪一套？我相信，多数人会持有大城市房产。

综上，房产税开征初期，确实会影响部分中产阶层的家庭资产配置计划（卖出），会影响部分中产阶层的预期（看跌），从而导致房价下跌。但是，当大家逐渐适应了房产税时，真正稀缺的住房（优质公共产品）就会回到上升趋势，而等待劣质房产的（低质公共产品）则是长期的盘整合下行。

（三）有几套房要征收房产税

1. 首套房，要缴纳房产税

房产税是以房屋为征税的对象，按房屋的计税余值或租金收入为计税的依据，向产权人征收的一笔税款。在城市、县城、建制镇和工矿区，只要购买了房产,都要缴纳房产税。

2. 个人拥有的独栋别墅征收房产税

存量增量都收,其认定标准是:在国有土地上依法修建的独立、单栋且与相邻房屋无共墙、无连接的成套住宅。有些单位提供的独栋别墅,只有使用权没有产权就不用交税。

3. 个人新购的高档住房征收房产税

高档住房指建筑面积交易单价达到上两年主城九区新建商品住房成交建筑面积均价2倍(含2倍)以上的住房。无户籍、无企业、无工作的个人新购第二套房子,不管是高档房,还是低档房,都需交纳房产税。

第十二章 中产阶层须知的主要税种（十）：车船使用税

一、中产阶层必备的税收常识

（一）车船使用税的计算方法

车船税，就是车船使用税，主要对行驶在公共道路的车辆和航行于国内河流、湖泊或领海口岸的船舶，按照其种类如机动车辆、非机动车辆、载人汽车、载货汽车等及吨位和规定的税额计算征收的一种使用行为税。

车辆，包括机动车辆和非机动车辆。机动车辆，指依靠燃油、电力等能源作为动力运行的车辆，比如汽车、拖拉机、无轨电车等；非机动车辆，指依靠人力、畜力运行的车辆，比如三轮车、自行车、畜力驾驶车等。

船舶，包括机动船舶和非机动船舶。机动船舶，指依靠燃料等能源作为动力运行的船舶，比如客轮、货船、气垫船等；非机动船舶，指依靠人力或其他力量运行的船舶，比如木船、帆船、舢板等。

不用缴纳车船税的新能源汽车，通常都是纯电动商用车、插电式（含增程式）混合动力汽车、燃料电池商用车。纯电动乘用车和燃料电池乘用车不属于车船税征税范围，因此对其不征收车船税。

中产阶层纳税人要按照纳税地点所在的省、自治区、直辖市人民政府确定的具体适用税额缴纳车船税。

从 2018 年 1 月 1 日开始，我国通过并实施了《中华人民共和国车船税法实施条例 (草案)》，明确了车船使用税的计算方法。

1. 车船按公历年度计算车船税

计算公式如下：

年应纳税额 = 计税单位 × 年基准税额

2. 购置的新车船，购置当年的应纳税额自纳税义务发生时间起至该年度终了按月计算

计算公式如下：

应纳税额 = 年应纳税额 ÷12× 应纳税月份数

应纳税月份数 =12- 纳税义务发生时间（取月份）+1

这里还有几种特殊的车船税应纳税款的处理情况：

（1）已缴纳车船税的车船，需要在同一纳税年度内办理转让过户，在原登记地不予退税，在新登记地凭完税凭证不再纳税。

（2）在一个纳税年度内，已完税的车船被盗抢、报废或灭失，中产阶层纳税人可以凭有关管理机关出具的证明和完税凭证，向纳税所在地的主管税务机关申请退还自被盗抢、报废、灭失月份起至该纳税年度终了期间的税款。

（3）已经缴纳车船税的车船，如果由于质量原因，被退回生产企业或经销商，中产阶层纳税人可以向纳税所在地的主管税务机关申请退还自退货月份起至该纳税年度终了期间的税款。退货月份以退货发票所载日期的当月为准。

（二）车船使用税的具体适用税率和税额

车船税实行有幅度的定额税率，即对各类车船分别规定一个最低到最高限度的年基准税额。同时，对船舶的适用税额，授权国务院在规定的税额幅度内确定；对车辆的适用税额，授权省、自治区、直辖市人民政府在规定的税额幅度内，根据当地实际情况，确定具体适用税额。

省、自治区、直辖市人民政府确定的车辆具体适用税额，应当报国务院备案。省、自治区、直辖市人民政府根据《车船税法》所附《车船税税目税额表》确定的车辆具体适用税额，应当遵循以下原则：

1. 乘用车依排气量从小到大递增税额

2. 客车按照核定载客人数20人以下和20人（含20人）以上两档划分，并递增税额

车船税采用单位税额而非税率的方式计算应纳税款。

比如：乘用车，按照内排气量区间划分为7个档次，每辆每年税额为：

1.0升（含）以下的，税额为60~360元；

1.0升以上至1.6升（含）的，税额为300~540元；

1.6升以上至2.0升（含）的，税额为360~660元；

2.0升以上至2.5升（含）的，税额为660~1200元；

2.5 升以上至 3.0 升（含）的，税额为 1200~2400 元；

3.0 升以上至 4.0 升（含）的，税额为 2400~3600 元；

4.0 升以上的，税额为 3600~5400 元。

再如，船舶的具体适用税额为：

（1）机动船舶。

200 吨以下的，净吨位每吨 3 元；

200~2000 吨的，净吨位每吨 4 元；

2000~10000 吨的，净吨位每吨 5 元；

10000 吨以上的，净吨位每吨 6 元。

（2）游艇。

艇身长度不超过 10 米的游艇，每米 600 元；

艇身长度超过 10 米但不超过 18 米的游艇，每米 900 元；

艇身长度超过 18 米但不超过 30 米的游艇，每米 1300 元；

艇身长度超过 30 米的游艇，每米 2000 元；

辅助动力帆艇，每米 600 元。

需要注意的是：

游艇艇身长度指游艇的总长。

《中华人民共和国车船税法》及其实施条例涉及的整备质量、净吨位、艇身长度等计税单位，有尾数的一律按照含尾数的计税单位据实计算车船税应纳税额。计算得出的应纳税额小数点后超过两位的，可四舍五入保留两位小数。

乘用车以车辆登记管理部门核发的机动车登记证书或行驶证书所载的排气量毫升数确定税额区间。

车船税法和实施条例所涉及的排气量、整备质量、核定载客人数、净吨位、功率（千瓦或马力）、艇身长度，以车船登记管理部门核发的车船登记证书或行驶证相应项目所载数据为准。

（三）不用缴纳车船税的

在我国公安等管理部门登记的车辆和船舶都要缴纳车船税，征收范围包括在交通、公安等部门登记的车辆、船舶，按照规定的计税依据和年税进行征收。

在征收车船税时，有些车是不用缴纳车船税的。那么，哪些车不用缴纳车船税呢？

1.《中华人民共和国车船税法》（以下简称《车船税法》）规定的法定免税车船

《车船税法》规定，下列车船减免车船税：

（1）捕捞、养殖渔船。在渔业船舶登记管理部门登记为捕捞船或养殖船的船舶，减免车船税。

（2）军队、武装警察部队专用的车船。按照规定在军队、武装警察部队车船登记管理部门登记，并对领取军队、武警牌照的车船，减免车船税。

（3）警用车船。公安机关、国家安全机关、监狱、劳动教养管理机关和人民法院、人民检察院领取警用牌照的车辆和执行警务的专用船舶，减免车船税。

（4）外国驻华使领馆、领事馆、国际组织驻华代表机构及其有关人员的车船。依照有关法律规定以及我国缔结或参加的双边和多边条约或协定的规定予以免税的外国驻华使领馆、领事馆国际组织驻华代表机构及其有关人员的车船，减免车船税。

此外，对节约能源、使用新能源的车船，可以减征或者免征车船税；遭受严重自然灾害影响，纳税困难，或有其他特殊原因需要减免税的，可以减征或免征车船税。具体办法由国务院规定，报全国人民代表大会常务委员会备案。

（5）省、自治区、直辖市人民政府根据当地实际情况，对公共交通车船，主要指在当地使用的摩托车、三轮汽车和低速载货汽车，定期减征或免征车船税。

2.国务院规定的减免税项目

《车船税法实施条例》规定，下列车船可减免车船税：

（1）节约能源、使用新能源的车船，可以免征或者减半征收车船税。免征或减半征收车船税的车船的范围，由国务院财政、税务主管部门商国务院有关部门制订，报国务院批准后公布施行。

（2）对受地震、洪涝等严重自然灾害影响纳税困难以及其他特殊原因确需减免税的车船，可以在一定期限内减征或免征车船税。具体减免期限和数额由省、自治区、直辖市人民政府确定，报国务院备案。

（3）按照规定缴纳船舶吨税的机动船舶，自《车船税法》实施之日起，5年内免征车船税。

（4）依法不需要在车船登记管理部门登记的机场、港口、铁路站场内部行驶或者作业的车船，自《车船税法》实施之日起，5年内免征车船税。

3. 授权省、自治区、直辖市人民政府规定的减免税项目

（1）公共交通车船，农村居民拥有并主要在农村地区使用的摩托车、三轮汽车和低速载货汽车，定期减征或不用缴纳车船税。

（2）受地震、洪涝等严重自然灾害影响纳税困难以及其他特殊原因确需减免税的，可以在一定期限内减征或免缴车船税。具体减免期限和数额由省、自治区、直辖市人民政府确定。

（3）纯电动乘用车、燃料电池乘用车、非机动车船（不包括非机动驳船）、临时入境的外国车船和我国香港特别行政区、澳门特别行政区、台湾地区的车船，不用缴纳车船税。

（四）缴纳车船税的期限和申报

1. 车船税的期限

（1）车船税实行按会计年度计算，在投保交强险的同时一次性缴纳。无论中产阶层纳税人何时投保交强险，除新购置车辆外，都应从本年度1月1日起计算到年度终了之日止，执行并缴纳本年度应纳税款。

（2）购置的新车船，购置当年的应纳税额自纳税义务发生的当月起按月计算。

应纳税额 = 年应纳税额 ÷ 12 × 应纳税月份数

（3）已办理退税的被盗抢车船失而复得的，应当从公安机关出具相关证明当月起计算缴纳车船税。

2.车船税的申报

车船税按年申报，分月计算，一次性缴纳。纳税年度为公历1月1日至12月31日。车船税按年申报缴纳，具体申报纳税期限由省、自治区、直辖市人民政府规定。

中产阶层纳税人申报缴纳车船税时，应当提供反映排气量、整备质量、核定载客人数、净吨位、千瓦、艇身长度等其他资料。已经提供上述所列资料信息的，可以不再提供。

需要注意的是，为了及时掌握中产阶层纳税人拥有土地、房产、车船等情况，国家税务总局规定：纳税人办理税务登记或变更税务登记时，应向税务机关提供土地使用证、房屋产权证、机动车行驶证、船籍证等证书复印件，并如实填报《房屋、土地、车船情况登记表》。

以上内容引自《中华人民共和国车船税法》（中华人民共和国主席令第43号）。

二、中产阶层税收常见问题答疑

（一）车船税每年什么时候交，最迟什么时候交

车船税是一年一交，按照规定，申报期限是每年的任何一天，换言之，最迟在年底最后一天前交当年的都可以。在大部分情况下车船税是在投保交强险时一起缴纳，因为车船税可以让保险公司代为缴纳。

根据规定：中产阶层未按照规定期限缴纳税款的，扣缴义务人未按照规定期限解缴税款的，税务机关除责令期限缴纳外，从滞纳税款之日起，

按日加收滞纳税款万分之五的滞纳金。

缴纳方法：

（1）前往税务机关窗口申报缴纳，需要拥有车船的中产阶层携带身份证明原件、行驶证复印件等相关资料。

（2）通过微信或自助办税终端可以申报个人的车船税业务。

（二）车船税每年要交多少

车船税是地方税，各地税务局需要在遵照《中华人民共和国车船税暂行条例》等规定的基础上，适度调整征收税费。简单来说就是每个地方的车船税都是不一样的。

不过，车船税都是按照排气量和车型来计算的，车型分为乘用车、商用车、挂车、其他车辆和摩托车5种，且排气量越大，车船税越高。

（三）交了车船税以后，遇到暴雨怎么办

每年的七八月，全国各地就会普降暴雨，届时道路、街道和居民区都不同程度地被雨水淹没，很多车更是像船一样漂在水中。强降雨直接导致一些居民区的停车场被淹，尤其是地下车库受灾明显，大量的水涌入地下车库。路面上一些行驶的私家车涉水熄火后停在水中，也造成了严重的交通堵塞。

作为私家车的车主，面临这种随时可能发生的天灾，并不会真的把自己的车当成船来开，而是会去了解一些关于车辆涉水的相关知识。

车辆"泡水"理赔的险种：车损险+涉水险。

车辆停放泡水时，可以走车损险进行理赔，保险公司会按照自然灾害进行理赔。如果水泡到仪表盘造成车辆全损害，保险公司可能会进行全额赔付。

车辆已经泡水或涉水路面行驶熄火，经二次发动导致发动机进水损坏的，如果只买了车损险，发动机损坏的损失概不赔偿。如果购买了车损险+涉水险，保险公司就会按照标准正常理赔，但是存在20%绝对免赔率，因此损失也很大。

总之，遇到车辆停放时泡水的情况，应先联系保险公司（拖车检修，然后拖到4S店或修理站）。涉水熄火时不要二次发动车辆，以免造成损失。

第十三章　中产阶层须知的主要税种（十一）：印花税

一、中产阶层必备的税收常识

（一）印花税的起征点以及征税范围

印花税是以经济活动中签订的各种合同、产权转移书据、营业账簿、权利许可证照等应税凭证文件为对象所征的税。中产阶层需要按规定应税的比例和定额自行购买并粘贴印花税票，完成纳税义务。

需缴纳印花税的中产阶层包括个体工商户和其他个人。

根据《中华人民共和国印花税暂行条例》规定：现行印花税只对印花税条例列举的凭证征税，一共有五类：

一是合同或者具有合同性质的凭证；

二是产权转移书据；

三是营业账簿；

四是权利、许可证照；

五是经财政部确定征税的其他凭证。

(二)印花税的税率及缴纳

《中华人民共和国印花税暂行条例》第三条规定:中产阶层根据应纳税凭证的性质,分别按比例税率或按件定额计算应纳税额。

具体税率、税额的确定,依照本条例所附《印花税税目税率表》执行。

应纳税额不足1角的,不用交纳印花税。

应纳税额在1角以上的,其税额尾数不满5分的不计,满5分的按1角计算缴纳。

1. 印花税的税率

根据《中华人民共和国印花税暂行条例》第一条规定:在中华人民共和国境内书立、领受本条例所列举凭证的单位和个人,都是印花税的纳税义务人(以下简称纳税人),应当按照本条例规定缴纳印花税。

《中华人民共和国印花税暂行条例》第三条规定:纳税人根据应纳税凭证的性质,分别按比例税率或者按件定额计算应纳税额。具体税率、税额的确定,依照本条例所附《印花税税目税率表》执行。

根据《中华人民共和国印花税暂行条例施行细则》第十条规定:印花税由税务机关负责征收管理。

印花税税率如表13-1所示。

表13-1 印花税税率

合同类型	范围	税率
购销合同	包括供应、预购、采购、购销结合及协作、调剂、补偿、易货等合同	按购销金额千分之三贴花

续表

合同类型	范围	税率
加工承揽合同	包括加工、定做、修缮、修理、印刷、广告、测绘、测试等合同	按加工或承揽收入千分之零点五贴花
建设工程勘察设计合同	包括勘察、设计合同	按收取费用千分之零点五贴花
建筑安装工程承包合同	包括建筑、安装工程承包合同	按承保金额千分之零点三贴花
财产租赁合同	包括租赁房屋、船舶、飞机、机动车辆、器械、设备等	按租赁金额千分之一贴花。税额不足1元的按1元贴花
货物运输合同	包括民用航空、铁路运输、海上运输、内河运输、公路运输和联运合同	按运输收取的费用千分之零点五贴花
仓储保管合同	包括仓储、保管合同	按仓储收取的保管费用千分之一贴花
借款合同	银行及其他金融组织和借款人所签订的借款合同	按借款金额千分之零点零五贴花
财产保险合同	包括财产责任、保证、信用等保险合同	按保险收入千分之一贴花
技术合同	包括技术开发、转让、咨询、服务等合同	按所载金额千分之零点三贴花
产权转移书据	包括财产所有权和版权、商标专用权、专利权、专有技术使用权等转移书据	记载资金的账本，按实收资本和资本公积合计金额千分之零点五贴花。其他账本按件贴花5元
权利、许可证照	包括政府部门发给的房屋产权证、工商营业执照、商标注册证、专利证、土地使用证	按件贴花5元

2. 印花税的缴纳

印花税实行由纳税人根据规定自行计算应纳税额，购买并一次贴足印花税票（以下简称贴花）的缴纳办法。

印花税还可以委托代征，税务机关委托经由发放或者办理应税凭证的单位代为征收印花税款。

上述文字引自百度百科。

二、印花税的计算方法

印花税以应纳税凭证所记载的金额、费用、收入额和凭证的件数为计税依据，按照适用税率或税额标准计算应纳税额。

应纳税额计算公式：

（1）应纳数额 = 应纳税凭证记载的金额（费用、收入额）× 适用税率

（2）应纳税额 = 应纳税凭证的件数 × 适用税额标准

印花税的免征

根据国家税务总局发布的最新减免税代码表，截至 2019 年 7 月，目录中列明的印花税减免税优惠项目有 67 个，按照便于记忆的原则，可以将上述优惠项目分为 10 类，具体情况如下：

（1）普惠政策，一共有 3 项，即副本抄本免税、资金账簿减半、其他账簿免税。

（2）小微企业优惠，一共有 2 项，即小微企业借款合同免税、小规模纳税人印花税减征。

（3）与公益事业相关的优惠，对财产所有人将财产捐赠给政府、社会福利单位、学校所立的书据免征印花税。

（4）与三农相关的优惠，一共有 3 项，即合作社与社员签订的农产品购销合同免税、农村集体经济清产核资免税、农村饮水工程免税。

（5）与住房相关的优惠，一共有 12 项，最常用的是个人销售或购买

住房免印花税,其他免征基本和廉租房、保障房、公租房相关。另外,高校学生公寓租赁合同也免税。

(6)与货运凭证相关的优惠,一共有2项,即快件行李包裹的托运单据及特殊的货运凭证,比如,军事物资运输、抢险救灾物资运输、新建铁路工程临管线运输。

(7)与体育相关的优惠,一共有7项,并对北京冬奥会、冬残奥会、第七届世界军人运动会等的合同免征印花税。

(8)与特定企业、特定项目相关的优惠,一共有9项,主要是对社保基金、青藏铁路公司、发行单位、飞机租赁企业、石油储备基地、商品储备管理公司等合同免征印花税。

(9)与改制重组相关的优惠,一共有9项,其中第4项是针对所有行业的优惠政策,其他是针对专门的企业或行业的优惠政策。

(10)与金融资本相关的优惠,一共有18项,其中数量最多的是金融和资本市场的税收优惠。

三、中产阶层税收常见问题答疑

(一)实收资本、资本公积发生变化,如何缴纳印花税

《国家税务总局关于资金账簿印花税问题的通知》(国税发〔1994〕25号)第一条规定:印花税计税依据为实收资本与资本公积两项的合计金额。实收资本和资本公积两项的合计金额大于原已贴花资金的部分,就增加的部分补贴印花。

《中华人民共和国印花税暂行条例施行细则》第二十四条规定：凡多贴印花税票者，不能申请退税或抵用。

资金账簿印花税应根据实收资本与资本公积两项合计增加的部分金额，计算缴纳印花税。若上述公司资本公积先减后增之后仍未超初始金额，则不用补贴印花税。

（二）购销合同收入的计税依据是否含税

查实征收印花税的情形如下：

（1）如果购销合同中只有不含税金额，以不含税金额作为印花税的计税依据。

（2）如果购销合同中既有不含税金额又有增值税金额且分别记载的，以不含税金额作为印花税的计税依据。

（3）如果购销合同所载金额中包含增值税金额但未分别记载的，以合同所载金额（含税金额）作为印花税的计税依据。

核定征收印花税的情形如下：

因为增值税为价外税，所以以中产阶层账载购销金额作为印花税的计税依据时，不包含增值税。

（三）受让人持有两份合同，是否均应贴花

《中华人民共和国印花税暂行条例实施细则》（财税字〔1988〕第255号）第八条规定：同一凭证，由两方或两方以上当事人签订并各执一份的，应当由各方就所执的一份各自全额帖花。第四条规定：已缴纳印花税的凭证的副本或抄本免纳印花税，指凭证的正式签署本已按规定缴纳了印

花税，其副本或抄本对外不发生权利义务关系，仅备存查的免贴印花。以副本或抄本视同正本使用的，应另贴印花。

印花税针对一次交易合同只贴一次花，如果受让人为一人，对于保留的多份合同，仍然是一次交易行为，受让人只需代表签约的企业方那一张合同贴花，另一份作为备份不用贴花。若另一份作为正本使用，则需要另外贴花。

第十四章　中产阶层须知的主要税种（十二）：契税

一、中产阶层必备的税收常识

（一）契税的起征点和征税范围

2020年8月11日，中华人民共和国第十三届全国人民代表大会常务委员会第二十一次会议通过了《中华人民共和国契税法》，该法自2021年9月1日起施行。

契税指对契约征收的税，属于财产转移税，由财产承受人缴纳。

契税中所涉及的契约，包括土地使用权转移，如国有土地使用权出让或转让。房屋所有权转移，应该称为土地、房屋权属转移，如房屋买卖、赠送、交换等。

契税是在土地、房屋权属发生转移时，向取得土地使用权、房屋所有权的中产阶层征收的一种税。因此，契税应由取得土地使用权、房屋所有权的一方缴纳，且税率等政策对商品房、二手房"一视同仁"。

个人转移房屋所有权应缴纳契税的范围包括：房屋买卖、房屋赠予、

房屋交换。

契税的征税对象应具备以下三个条件：

1. 转移的客体特定

转移的客体只有两种：一是土地使用权；二是房屋所有权。

2. 权属必须发生转移

首先，土地、房屋权属必须发生转移，由一方转移到另一方。其次，权属人关系发生变更，由一个权属人变为另一个权属人。

3. 存在利益关系

除赠予外，权属发生转移时，承受方须支付一定数量的货币或其他经济利益。

房屋权属以下列方式转移的，视同房屋买卖或房屋赠予征收契税：

（1）中产阶层以房屋权属作价投资、入股；

（2）中产阶层以房屋权属抵债；

（3）中产阶层以获奖方式承受房屋权属；

（4）中产阶层以预购方式或预付集资建房款的方式承受房屋权属。

凡1997年10月1日以后签订安居工程住房、经济适用住房购房合同的中产阶层，均属契税纳税人，应按规定缴纳契税。

（二）契税的税目和税率

1. 契税的税目

《中华人民共和国契税法》规定：契税按照土地、房屋权属转移行为分土地契税和房屋契税两大类，属于五个个人所得税目，即国有土地使用权出让、土地使用权转让、房屋买卖、房屋赠予、房屋交换。

（1）国有土地使用权出让。按照土地所有权和使用权分离的原则，使用土地的中产阶层向国家一次性交付土地使用全部费用，国有土地使用权在一定年限内让予土地使用者。

（2）土地使用权转让。使用土地的中产阶层依照国家有关法律规定，将土地使用权以出售、赠予、交换和其他方式再转移给其他单位或个人。

（3）土地使用权出售。使用土地的中产阶层将进行过开发的土地或具有土地使用权的地上建筑物、设施出卖给他人，将土地使用权转移。

（4）土地使用权赠予。使用土地的中产阶层将土地使用权无偿转移给他人，使其成为新的土地使用者。

（5）土地使用权交换。使用土地的中产阶层，彼此之间相互交换其土地使用权。

（6）房屋买卖。拥有房屋的中产阶层将房屋出售，由承受者交付货币、实物无形资产或者其他经济利益的行为。

（7）房屋赠予。拥有房屋的中产阶层自愿将其房屋无偿转让给他人。

（8）房屋交换。拥有房屋的中产阶层，彼此之间相互交换房屋所有权。

2.契税的税率

《中华人民共和国契税法》规定的契税税率为3%~5%。

契税的具体适用税率，由省、自治区、直辖市人民政府在前款规定的税率幅度内提出，报同级人民代表大会常务委员会决定，并报全国人民代表大会常务委员会和国务院备案。

省、自治区、直辖市可以依照前款规定的程序对不同主体、不同地区、不同类型的住房的权属转移确定差别税率。目前，从全国各地的情况来看：

契税税率为3%的有：北京、天津、内蒙古、上海、浙江、福建、山东、广东、广西、海南、重庆、贵州、云南、陕西、青海、宁夏、新疆等省（自治区、直辖市）。税率执行为3.5%的有：甘肃省。税率执行为4%的有：河北、山西、辽宁、江苏、安徽、江西、河南、湖北、湖南、四川等省。税率执行为5%的有：黑龙江、吉林等省。其中，河北、山西、辽宁、黑龙江、吉林等省对个人购买住宅房屋执行3%的税率。

（三）契税的计算方法

契税的应纳税额按照计税依据乘以具体适用税率计算。地方政府规定不一，缴纳房产契税也不同。

税务机关对中产阶层纳税人提供的证件、资料进行审核，确定计税依据和适用税率后，再计算应纳税额。按照《中华人民共和国契税法》规定，其计算公式如下：

1. 国有土地使用权出让、土地使用权出售、房屋买卖具体公式为：

应纳税额 = 成交价格 × 税率

2. 土地使用权赠予、房屋赠予具体公式为：

应纳税额 = 核定的计税价格 × 税率

3. 土地使用权交换、房屋交换具体公式为：

应纳税额 = 所交换房地产价格差额 × 税率

4.存量房地产转让具体公式为:

应纳税额 = 最低计税价格 × 税率

计算应纳税额时,应注意如下政策界限时间点:

(1)1997年10月1日之后,转移房地产权属并签订合同,执行新《契税暂行条例》。

(2)1999年8月1日以后,中产阶层个人购买自用普通住房的,减半征收契税。

(3)2008年11月1日起,中产阶层个人首次购买90平方米及以下普通住房的,契税税率为1%。

(4)2010年10月1日起,中产阶层个人购买普通住房,且该住房属于家庭唯一住房的,减半征收契税;个人购买90平方米及以下普通住房,且该住房属于家庭唯一住房的,减按1%税率征收契税。

(5)2016年2月22日起,中产阶层个人购买家庭唯一住房或第二套改善性住房,面积为90平方米及以下的,减按1%的税率征收契税;面积为90平方米以上的,唯一住房减按1.5%、第二套改善性住房减按2%的税率征收契税(北京市、上海市、广州市、深圳市除外)。

注意,依据法不溯及既往的原则,中产阶层纳税人在上述时间点之前转移房地产并签订转让协议的,执行原契税征免政策,否则将执行调整后的契税征免政策。

(四)契税的优惠

如果中产阶层满足相关条件的,还会给予免征或者减征。

《中华人民共和国契税法》对相关内容也做了规定：

1. 契税的免征

有下列情形之一的，免征契税：

（1）国家机关、事业单位、社会团体、军事单位承受土地和房屋权属用于办公、教学、医疗、科研、军事设施的；

（2）非营利性的学校、医疗机构、社会福利机构承受土地和房屋权属用于办公、教学、医疗、科研、养老、救助的；

（3）承受荒山、荒地、荒滩土地使用权用于农、林、牧、渔业生产的；

（4）婚姻关系存续期间夫妻之间变更土地、房屋权属的；

（5）法定继承人通过继承承受土地、房屋权属的；

（6）依照法律规定应当予以免税的外国驻华使馆、领事馆和国际组织驻华代表机构承受土地、房屋权属的。

2. 契税的减征

省、自治区、直辖市可以决定对有下列情形之一者免征或者减征契税：

（1）因土地、房屋被县级以上人民政府征收、征用，重新承受土地、房屋权属的；

（2）因不可抗力灭失住房，重新承受住房权属的。

二、中产阶层税收常见问题答疑

（一）如何确定契税的计税依据

契税是一种重要的地方税种，在土地、房屋交易的发生地，不管任何人，只要所有权属发生转移，都要依法纳税。目前契税已经成为地方财政收入的固定来源。在全国，地方契税收入呈迅速上升态势。

各类土地、房屋权属转移的方式各不相同。因此，契税定价方法也各有差异。

契税的计税依据，归结起来一共有 4 种：

1. 按成交价格计算

这种定价方式主要适用于国有土地使用权出让、土地使用权出售、房屋买卖，具体过程为：成交价格经双方敲定，形成合同，税务机关以此为据，直接计税。

2. 根据市场价格计算

土地、房屋价格，都不是一成不变的。比如，某地段要建设大学分校，该地段的地价就会上涨。该地段土地使用权赠送、房屋赠送时，定价依据只能是市场价格，而不是土地或房屋原值。

3. 依据土地、房屋交换差价定税

随着二手房市场兴起，房屋交换进入百姓的生活。如果甲房的价格是 30 万元，乙房的价格是 40 万元，两房交换后，契税的计算就是两房差额即 10 万元。同理，土地使用权交换，也要依据差额。等额交换时，差额为零，交换双方均免缴契税。

4. 按照土地收益定价

这种情形少之又少。假设 2020 年，国家以划拨方式，把甲单位土地使用权给了乙单位，3 年后，经许可，乙单位把该土地使用权转让，乙就

要补交契税,纳税依据就是土地收益,即乙单位出让土地使用的所得。

(二)契税的纳税义务发生时间如何确定

《中华人民共和国契税暂行条例》(国务院令第224号)第八条规定:契税的纳税义务发生时间,为中产阶层签订土地、房屋权属转移合同的当天,或中产阶层取得其他具有土地、房屋权属转移合同性质凭证的当天。

(三)中产阶层不按期办理纳税申报或不缴或少缴应纳税款如何处罚

去开发商楼盘处查看房子的时候,如果需要贷款购买,销售人员都会为大家计算房屋的首付。计算首付的时候,会把大家应该缴纳的契税进行估算,所以一般的顺序是:购房—交首付—办理贷款—贷款审批—审批合格—进入交房。

贷款批下来后,开发商打电话让你去交房,之后你需要去审批核心交契税,但最好是在购买房屋的时候就准备好这笔费用,不交契税的后果很严重。

1.办理不了产权登记证书

对于想要购买房子的中产阶层来说,购买房屋的时候就需要去缴纳契税。缴纳契税之后,收税机关会给付两份凭证:

一份是税单,类似于收据。税单上一般会有税务(财政)部门和收款国库(银行)的印章,且税单也会有两联,一联由中产阶层保存,另一联需交房产登记部门用以核发产权登记证书使用。

另一份就是完税证,一般用于粘贴在房产证的首页,表示该房产为已税房产。也就是说,如果没有交纳契税(不用缴纳除外),房地产登记部门是无法核发产权登记证书的。

2. 提取住房公积金时可能会需要

一般情况下,中产阶层的购房者在买房的时候,如果需要提取自己的住房公积金,是不需要契税完税证明的(包括税单或完税证),只需购房合同、不动产权证、付款凭证、房屋买卖发票等。但是,如果不动产权证还没有核发,就可能要提供契税完税证明,具体内容可以向住房公积金管理中心咨询。

3. 不能上户口

中产阶层购买房屋时候不缴纳契税,产权证肯定办不下来。如果所购买的房子没有产权证,该住房就会有很多限制,比如不能上户口,不能出售。最重要的是,今后再次出售时是以产证日期来计算是否购买满5年,是否满5年税负相差很大,因此需要购房者尽早缴纳契税以办理产权证。

第十五章 中产阶层须知的主要税种（十三）：关税

一、中产阶层必备的税收常识

（一）关税的起征点以及计算方法

关税指一国海关根据该国法律规定，对通过其关境的引进及出口货物征收的一种税收。

关税征收的过程是税则归类、税率运用、价格审定及税额计算。

1. 关税的起征点

关税起征点是《中华人民共和国海关法》（以下简称《海关法》）规定的开始征收关税的金额界限，之所以要在关税制度中规定关税起征点，是为了提高工作效率，避免为小额税款而履行繁杂的征纳税手续，也是对纳税义务人的一种关税优惠。

根据作为界限的标准不同，分为关税起征价额和关税起征税额。

（1）以课税对象的价值（或价格）作为开始征收关税的界限称为关税起征价额。当海关确定的课税对象的完税价格没有达到《海关法》规定的金额时，中产阶层不用缴纳关税；达到或超过这一规定的金额时，海关按课税对象的完税价格全额征税。

（2）以课税对象的应税税额作为开始征收关税界限称为关税起征税额。课税对象的应税税额不足《海关法》规定的金额的，不用缴纳关税；达到或超过规定金额的，按应税税额全额征税。比如《关税条例》规定：一票进出口货物的关税税额不足人民币50元的，不用缴纳关税；达到或超过人民币50元的，按应税税额全额征税。

如果想了解各国或地区关税起征点，可以查看相关网站。

2. 关税的计算

我国《关税法》规定：所有进口货物的价格须按照海关审定后的价格作为到岸价格。所谓到岸价格，就是一批货物除了本身的价值以外，从其他国家运送过来的包装费、运费、缴纳的保险费和搬卸货物的劳务费等，也包括一些在我国境内生产的产品但是境外支付的和要进口的货物相关的专利费用、商标费用等。

在双方交易过程中，如果一方另外支付另一方附加费用，这部分费用也要计入佣金计算范围。进口货物的到岸价格要按照海关审定的价格来算。

（1）进口关税的计算。

进出口关税的计算公式：关税税额 = 完税价格 × 进出口关税税率

进出口货物的到、离岸价格是以外币计算的，应由海关按照签发税款缴纳证之日国家外汇牌价的中间价，折成人民币。

按照规定：进口货物的收货人、出口货物的发货人、进出境物品的

所有人是关税的纳税义务人,同时有权经营进出口业务的企业也是法定纳税人。

中产阶层纳税人应当在海关签发税款缴纳证的次日起 7 日内,向指定银行缴纳税款。逾期不缴纳的,由海关自第 8 天起至缴清税款日止,按日征收税款总额 1% 的缴纳滞纳金;对超过 3 个月仍未缴纳税款的,海关会责令担保人缴纳税款或者将货物变价抵缴,必要时还会通知银行在担保人或纳税人存款内扣除。

(2)关税的征收与退补方法。

①追征。中产阶层因违反规定而造成少征或漏征的,海关会在 3 年内追征。

②退税。海关多征的税款,发现后会立即退还。中产阶层自缴纳税款之日起一年内,可以要求海关退还,逾期不予受理。办理退税时,应做到退税依据确实,单证齐全,手续完备。

③补征。进出口货物、进出境物品放行后,海关发现少征或漏征税款时,会自缴纳税款或货物、物品放行之日起一年内,向纳税义务人补征,此时纳税义务人需要主动配合。

(二)进出口关税的减免政策

关税减免是对从外国进口商品减征或免征进口税的一种待遇。根据我国《海关法》规定:我国关税减免权属于中央,各地海关一般按海关法和税则规定以及中央的指示等进行执行。

关于进出口关税的减免,分为以下几种:

1. 关税的法定减免

法定减免是根据《海关法》和《关税条例》予以减免的，如国际组织、外国政府无偿赠送的物资、中华人民共和国缔结或者参加的国际条约规定减征、免征的货物、物品，来料加工、补偿贸易进口的原材料等。

（1）免税物品。

主要包括：关税税额在人民币10元以下的一票货物；无商业价值的广告品和货样；外国政府、国际组织无偿赠送的物资；进出境运输工具装载的途中必需的燃料、物料和饮食用品。

出口货物因故退回，原发货人或其代理人要申报进口，提供原出口单证，经海关审核属实的可免征进口关税，但已征的出口关税不予退还。

进口货物因故退回，原发货人或其代理人申报出境，提供原进口单证，经海关核实可免征出口关税，但已征的进口关税不予退还。

经核准暂时进口或出口，并保证在6个月内复运出、进口的应税货物，免予征税。

无代价抵偿的进口货物，符合无代价抵偿进口货物的规定且原进口货物已征进口税的，可予免税。

（2）酌情减免税的物品。

主要包括：在境外运输途中或在起卸时，遭受损坏或者损失的；起卸后海关放行前，因不可抗力而遭受损坏或者损失的；海关查验时已经破漏、损坏或者腐烂，经证明不是保管不慎造成的。

（3）中华人民共和国缔结或参加的国际条约规定减征或免征关税的货

物、物品，海关会按照规定予以减免关税。

2. 关税的特定减免

特定减免是按照《海关法》和《关税条例》的规定，给予经济特区等特定地区进出口的货物，中外合资经营企业、中外合作经营企业、外商独资企业等特定企业进出口的货物，以及其他依法给予关税减免优惠的进出口货物，减免关税优惠。

目前我国特定减免关税的规定如下：

（1）给特定地区实施的关税优惠。

目前，按地区实施的关税优惠政策已大部分取消，仅保留了对保税区进出口货物、边民互市和边境小额贸易进口货物、物品的免税规定。比如，对经济特区、上海浦东新区和苏州工业园区进口自用物品，实行"关税和进口环节增值税先征后返"办法。对边民互市和边境小额贸易进口货物、物品，予以免税。

（2）按特定企业实施的关税优惠。

对依法批准的外商投资企业进口的设备和原材料，加工装配、补偿贸易项目进口的加工设备等，予以免税。

（3）按特定用途实施的关税优惠。

包括以下几种：

①进口科教用品。经国务院批准，1997年4月10日海关总署发布实施《科学研究和教学用品免征进口税收暂行规定》中指出：科研机构和学校在合理数量范围内进口国内不能生产的科研和教学用品，直接用于科研

或教学的，免征进口关税和进口环节增值税、消费税。

免税用品范围具体为：

a. 科学研究、科学试验和教学用的分析、测量、检查、计量、观测、发生信号的仪器、仪表及其附件；

b. 为科学研究和教学提供必要条件的实验室设备（不包括中试设备）；

c. 计算机工作站，小型、中型、大型计算机和可编程控制器；

d. 在海关监管期内用于维修依照本规定已免税进口的仪器、仪表和设备，或者用于改进、扩充该仪器、仪表和设备的功能而单独进口的，金额不超过整机价值10%的专用零部件及配件；

e. 各种载体形式的图书、报刊、讲稿、计算机软件；

f. 标本、模型；

g. 教学用幻灯片；

h. 化学、生化和医疗实验用材料；

i 实验用动物；

j. 科学研究、科学试验和教学用的医疗仪器及其附件（限于医药类院校、专用医药类科学研究机构）；

k. 优良品种植物及种子（限于农林类院校、专业和农林类科学研究机构）；

l. 专业级乐器和音像资料（限于艺术类院校、专业和艺术类科学研究机构）；

m. 特殊需要的体育器材（限于体育类院校、专业和体育类科学研究

机构);

n. 教练飞机(限于飞行类院校);

o. 教学实验船舶所用关键设备(限于航运类院校);

p. 科学研究用的非汽油、柴油动力样车(限于院校的汽车专业)。

上述货物进口前,中产阶层应持下列单证向海关提出免税申请:填好的《科教用品免税申请表》一式两份、订货合同副本及清单、货物属归口管理的提交归口部门证明文件、其他有关说明资料。

②残疾人组织及个人进口物品。经国务院批准,海关总署于1997年发布《残疾人专用品免征进口税收暂行规定》及其实施办法。

a. 中产阶层个人进口残疾人专用物品在自用合理数量范围内,直接在进口地海关办理免税进口手续。

b. 福利、康复机构进口国内不能生产的残疾人专用品的免税手续按具体规定办理:进口前,有关福利、康复机构应按隶属关系,填写《残疾人免税进口专用品申请表》一式三份,分别向民政部或中国残疾人联合会提出申请;经民政部或中国残疾人联合会审核无误后,在《申请表》上签章,将其中一份存档,另两份报送海关总署;经海关总署关税司审核无误后,通知福利、康复机构所在地主管海关。福利、康复机构所在地主管海关凭关税司下发的批准文件,填写《进出口货物征免税证明》三联单,第一联交福利、康复机构所在地主管海关留存;第二联、第三联送交进口地海关凭以免税,进口地海关在免税验放后,及时将第三联退还福利、康复机构所在地主管海关。

c. 境外捐赠给残疾人个人或有关福利、康复机构的国内不能生产的残疾人专用品，凭捐赠证明按本法办理。

（三）进出口关税的税率

1. 进口关税的税率

（1）最惠国税率。

①进口暂定税率。自 2021 年 1 月 1 日起，对 883 项商品（不含关税配额商品）实施进口暂定税率。其中自 2021 年 7 月 1 日起，实施进口暂定税率商品为 874 项，取消 9 项信息技术产品进口暂定税率。

a. 支持进口替代，提高部分商品进口关税。为支持装备制造业提高自主化水平，提高或取消喷气织机、光通信用的玻璃毛细管等商品进口暂定税率；为支持国内基础产业快速发展，提高或取消蓝宝石衬底、轮胎等商品的进口暂定税率；对正丙醇等实施反倾销、反补贴措施的商品取消了进口暂定税率。

b. 降低国内亟须的高新技术设备及零部件、国内紧缺资源品以及部分优质原料等商品的进口关税。如降低航空零部件的关税，税率从 3%~20% 下降至 1%，其中对飞机发动机用传动轴税率从 6% 降至 1%。

c. 加大生态环保支持力度，调整部分商品进口关税。取消 6 项金属废碎料进口暂定税，缩小 2 项商品的暂定税率适用范围，取消再造烟草的进口暂定税率。同时，降低柴油发动机排气过滤及净化装置、废气再循环阀及用于生产聚酰胺的发酵液等部分环境产品关税。

②信息技术产品最惠国税率。根据信息技术产品降税协议安排，自 2021 年 7 月 1 日起，对 176 项信息技术产品实施第六步降税，其中 119 项

商品降低至零。

（2）关税的配额税率。

继续对小麦等8类商品实施关税配额管理，降低棉花配额外进口暂定税率，按主流进口棉花均价计算，滑准税税率由13.7%降至10.7%。

（3）协定税率。

根据我国与有关国家或地区签订的自贸易协定或优惠贸易安排，2021年我国将对16个协定、27个国家或地区实施协定税率。其中自2021年1月1日起，对我国与新西兰、秘鲁、哥斯达黎加、瑞士、冰岛的双边贸易协定以及亚太贸易协定的协定税率进一步降低。其中原产于蒙古国的部分进口商品自2021年1月1日起适用亚太贸易协定税率，遵循亚太贸易协定原产地规则（海关总署公告〔2018〕69号）。自2021年7月1日起，按照我国与瑞士的双边贸易协定和亚太贸易协定规定，进一步降低有关协定税率。同时，我国与毛里求斯自贸协定自2021年1月1日起生效。当最惠国税率低于或等于协定税率时，协定有规定的，按相关协定的规定执行；协定无规定的，二者从低适用。

（4）特惠税率。

2021年继续对与我国建交并完成换文手续的其他最不发达国家实施特惠税率，适用商品范围和税率维持不变。

2. 出口关税税率

根据《2021年关税调整方案》（自2021年1月1日起实施），自2021年1月1日起继续对铬铁等107项商品征收出口关税，适用出口税率或出口暂定税率，征收商品范围和税率维持不变。下面介绍部分商品的税率，如表15-1所示。

表15-1 部分商品税率

海关商品编码	商品名称	2021年最惠国税率（%）	2021年暂定税率（%）
0106121100	改良种用鲸、海豚及鼠海豚，海牛及儒艮	10	0（进口）
0203220010	冻带骨野猪前腿、后腿及肉	12	8（进口）
0203220090	冻藏的带骨猪前腿、后腿及其肉块	12	8（进口）
0203290010	冻藏野猪其他肉	12	8（进口）
0203290090	其他冻藏猪肉	12	8（进口）
0303131000	冻大西洋鲑鱼	7	5（进口）
0303132000	冻多瑙哲罗鱼	7	5（进口）
0303311000	冻马舌鲽（格陵兰庸鲽鱼）	7	5（进口）
0303320000	冻鲽鱼	7	2（进口）
0303410000	冻长鳍金枪鱼	7	6（进口）
0303420000	冻黄鳍金枪鱼	7	6（进口）
0303440000	冻大眼金枪鱼	7	6（进口）
0303451000	冻大西洋蓝鳍金枪鱼	7	6（进口）
0303452000	冻太平洋蓝鳍金枪鱼	7	6（进口）
0303460000	冻南方蓝鳍金枪鱼	7	6（进口）
0303510010	冻太平洋鲱鱼	7	2（进口）
0303510090	冻大西洋鲱鱼	7	2（进口）
0303599010	冻毛鳞鱼，但食用杂碎除外	7	5（进口）
0303630000	冻鳕鱼	7	2（进口）
0303670000	冻狭鳕鱼	7	5（进口）
0303891000	冻带鱼	7	5（进口）
0306149011	冻金霸王蟹（帝王蟹）	7	5（进口）
0306149019	冻毛蟹、仿石蟹（仿岩蟹）、堪察加拟石蟹、短足拟石蟹、扁足拟石蟹、雪蟹、日本雪蟹	7	5（进口）
0306149090	其他冻蟹	7	5（进口）
0306161200	冻北方长额虾	5	2（进口）

续表

海关商品编码	商品名称	2021年最惠国税率（%）	2021年暂定税率（%）
0306171900	冻其他小虾	5	2（进口）
0306319000	活、鲜、冷的岩礁虾和其他龙虾	7	5（进口）
0307819000	活、鲜、冷的鲍鱼	10	7（进口）
0404100010	饲料用乳清（按重量计蛋白含量2%~7%，乳糖含量76%~88%）	6	2（进口）
0404100090	其他乳清及改性乳清	6	2（进口）
0406200000	磨碎或粉化的乳酪	12	8（进口）
0406300000	其他经加工的乳酪	12	8（进口）
0406400000	蓝纹乳酪、带有纹理的乳酪	15	8（进口）
0406900000	其他乳酪	12	8（进口）
0505100010	填充用濒危野生禽类羽毛、羽绒	10	2（进口）
0505100090	其他填充用羽毛、羽绒	10	2（进口）
0506909011	已脱胶的虎骨	12	0（出口）
0506909021	已脱胶的豹骨	12	0（出口）
0506909031	已脱胶的濒危野生动物的骨及角柱	12	0（出口）
0506909091	已脱胶的其他骨及角柱	12	0（出口）
0511911110	濒危鱼的受精卵	12	0（进口）
0511911190	其他受精鱼卵	12	0（进口）
0511919020	丰年虫卵（丰年虾卵）	12	6（进口）
0801110000	干的椰子	12	7（进口）
0801210000	鲜或干的未去壳巴西果	10	7（进口）
0801220000	鲜或干的去壳巴西果	10	7（进口）
0801310000	鲜或干的未去壳腰果	20	7（进口）
0801320000	鲜或干的去壳腰果	10	7（进口）
0802110000	鲜或干的扁桃核	24	10（进口）
0802419000	鲜或干的未去壳其他栗子	25	20（进口）
0802429000	鲜或干的去壳其他栗子	25	20（进口）
0802510000	鲜或干的未去壳阿月浑子果	10	5（进口）
0802520000	鲜或干的去壳阿月浑子果	10	5（进口）

续表

海关商品编码	商品名称	2021年最惠国税率(%)	2021年暂定税率(%)
0802619000	鲜或干的未去壳其他马卡达姆坚果	24	12（进口）
0802620000	鲜或干的去壳马卡达姆坚果	24	12（进口）
0802902000	鲜或干的白果	25	20（进口）
0802909040	碧根果	24	7（进口）
0804400000	鲜或干的鳄梨	25	7（进口）
0810400010	鲜蔓越橘、越橘及其他越橘属植物果实	30	15（进口）
0811909060	冷冻的鳄梨	30	7（进口）
0813409020	蔓越橘干	25	15（进口）
1211903600	甘草	6	0（进口）
1211903981	鲜或干的红豆杉皮、枝叶	6	0（进口）
1212219000	其他海草及藻类	15	2（进口）
1212291000	马尾藻	15	2（进口）
1212299000	其他不适合供人食用的海草及藻类	15	2（进口）
1214900001	其他紫苜蓿（粗粉及团粒除外）	9	7（进口）
1214900002	以除紫苜蓿外的禾本科和豆科为主的多种混合天然饲草	9	4（进口）
1302120000	甘草液汁及浸膏	6	0（进口）
1404909010	椰糠（条/块）	15	4（进口）
1502100000	牛、羊油脂	8	2（进口）
1502900000	其他牛、羊脂肪	8	4（进口）
1504200011	濒危鱼油软胶囊（鱼肝油除外）	12	6（进口）
1504200091	其他鱼油软胶囊（鱼肝油除外）	12	6（进口）
1511902001	固态棕榈硬脂（50度≤熔点≤56度）	8	2（进口）
1520000000	粗甘油、甘油水及甘油碱液	20	6（进口）

续表

海关商品编码	商品名称	2021年最惠国税率（%）	2021年暂定税率（%）
1702110000	无水乳糖，按重量计干燥状态的乳糖含量≥99%	10	5（进口）
1801000000	整颗或破碎的可可豆，生的或焙炒的	8	2（进口）
1901101010	早产儿/低出生体重婴儿配方（乳基）、母乳营养补充剂（乳基）特殊婴幼儿配方食品	15	0（进口）
1901101090	供婴幼儿食用的零售包装配方奶粉［早产儿/低出生体重婴儿配方（乳基）、母乳营养补充剂（乳基）特殊婴幼儿配方食品除外］	15	5（进口）
1901109000	其他供婴幼儿食用的零售包装食品	15	2（进口）
1901900000	其他未列名的食品	10	5（进口）
1902190010	其他未包馅或未制作的生面食，非速冻的	10	8（进口）
1902190090	其他未包馅或未制作的生面食	10	8（进口）
2009120010	白利糖度值不超过20的非冷冻橙汁，最小独立包装净重≥180千克	30	15（进口）
2009190010	白利糖度值超过20的非冷冻橙汁，最小独立包装净重≥180千克	30	15（进口）
2106909001	无乳糖配方或低乳糖配方、乳蛋白部分水解配方、乳蛋白深度水解配方或氨基酸配方、早产/低出生体重婴儿配方（非乳基）、氨基酸代谢障碍配方、母乳营养补充剂（非乳基）特殊婴幼儿配方食品	12	0（进口）

续表

海关商品编码	商品名称	2021年最惠国税率(%)	2021年暂定税率(%)
2205100000	小包装的味美思酒及类似酒	65	14(进口)
2208200010	装入200升及以上容器的蒸馏葡萄酒制得的烈性酒	10	5(进口)
2208200090	其他蒸馏葡萄酒制得的烈性酒	10	5(进口)
2208300000	威士忌酒	10	5(进口)
2305000000	提炼花生油所得的油渣饼及其他固体残渣	5	0(进口)
2306100000	棉子的油渣饼及其他固体残渣	5	0(进口)
2306200000	亚麻子的油渣饼及其他固体残渣	5	0(进口)
2306300000	葵花子的油渣饼及其他固体残渣	5	0(进口)
2306410000	低芥子酸油菜子的油渣饼及其他固体残渣	5	0(进口)
2306490000	其他油菜子的油渣饼及其他固体残渣	5	0(进口)
2306500000	椰子或干椰肉的油渣饼及其他固体残渣	5	0(进口)
2306600010	濒危棕榈果或濒危棕榈仁油渣饼及固体残渣	5	0(进口)
2306600090	其他棕榈果或其他棕榈仁油渣饼及固体残渣	5	0(进口)

(四)进出口关税的种类

无论商品是从国外流通而来还是要流通出国外,都需要通过一国的关境缴纳关税。

对于那些对外贸易发达的国家来说，国家税收乃至国家财政的主要收入来源就是关税。那么，进口关税将如何分类？

1. 关税按商品流向分类

（1）进口税。它是进口国家的海关在外国商品输入时，对本国进口商所征收的正常关税。

（2）出口税。它是对本国出口的货物在运出国境时征收的一种关税。征收出口关税会增加出口货物的成本，不利于本国货物在国际市场的竞争。

（3）过境税。它是一国对于通过其关境的外国商品征收的关税。

2. 关税按征收方法分类

（1）从价关税。依照进出口货物的价格作为标准征收关税。从价税额＝商品总价×从价税率。

（2）从量关税。依照进出口货物数量的计量单位(如"吨""箱""百个"等)征收定量关税。从量税额＝商品数量×每单位从量税

（3）混合关税。依各种需要对进出口货物进行从价、从量的混合征税。

（4）选择关税。指对同一种货物在税则中规定有从量、从价两种关税税率，在征税时选择其中征税额较多的一种关税，也可选择税额较少的一种为计税标准计征。

（5）滑动关税。关税税率随着进口商品价格由高到低而由低到高设置进行计征的税，可以起到稳定进口商品价格的作用。

3. 关税按征收目的分类

（1）财政关税。又称收入关税，以增加国家财政收入为主要目的。财

政关税的税率过高,会阻碍进出口贸易的发展,达不到增加财政收入的目的,因此税率一般都比较低。

(2)保护关税。以保护本国经济发展为主要目的,保护关税主要是进口税,税率较高,有的高达百分之几百。征收高额进口税,可以提高进口商品成本,削弱它在进口国市场的竞争力,甚至阻碍其进口,因此可以更好地保护本国经济发展。

4. 关税按税率制定分类

(1)自主关税。又称国定关税,为了捍卫自己国家的主权,国家会独立自主地制定关税,并有权修订,包括关税税率、各种法规、条例。国定税率一般高于协定税率,适用于没有签订关税贸易协定的国家。

(2)协定关税。两个或两个以上的国家,通过缔结关税贸易协定而制定的关税税率,分为双边协定税率、多边协定税率和片面协定税率。其中,双边协定税率是两个国家达成协议而相互减让的关税税率,多边协定税率是两个以上的国家之间达成协议而相互减让的关税税率。

5. 按差别待遇和特定的实施情况分类

(1)进口附加税。除了可以征收一般进口税外,还可以以某种目的加征额外的关税,主要有反贴补税和反倾销税。

(2)差价税。又称差额税,当某种本国生产的产品国内价格高于同类的进口商品价格时,为了削弱进口商品的竞争能力,保护国内生产和国内市场,应该按国内价格与进口价格之间的差额征收关税。

(3)特惠税。又称优惠税,对某个国家或地区进口的全部或部分商

品，给予特别优惠的低关税或免税待遇。这种特惠税，有的是互惠的，有的是非互惠的。

（4）普遍优惠制。简称普惠制，该决议规定：发达国家承诺对从发展中国家或地区输入的商品，特别是制成品和半成品，给予普遍的非歧视性的和非互惠的优惠关税待遇。

二、中产阶层税收常见问题答疑

（一）从哪些国家进出口货物可以享受最惠国税率

原产于共同适用最惠国待遇条款的世贸组织成员（截至2019年底，WTO成员共计164个）的进口货物，适用最惠国待遇。当然，我国并非与所有世贸组织成员都适用最惠国待遇原则，如我国在加入WTO后与萨尔瓦多就不相互适用最惠国待遇。

原产于与中华人民共和国签订含有相互给予最惠国待遇条款的双边贸易协定的国家或地区的进口货物，适用最惠国税率。需要注意的是，对于非WTO成员，在与我国达成双边贸易协定中规定相互给予最惠国待遇条款的进口货物，同样适用最惠国税率。

原产于中华人民共和国的进口货物，适用最惠国税率。对于国产货物出口后复进口的，根据原产地规则判断，其原产地仍为中国的，也同样适用最惠国税率。

（二）普通税使用范围更广泛吗

原产于适用最惠国税率、协定税率、特惠税率以外的国家或地区的进口货物，以及原产地不明的进口货物，适用普通税率。

目前，主要是少数与我国没有外交关系且不属于 WTO 成员的国家或地区适用普通税率。2003 年 11 月，鉴于基里巴斯共和国政府与我国台湾当局有所谓的"外交关系"，中国对原产于基里巴斯共和国的进口货物适用普通税率。

对于无法判明原产地的货物，如以中性包装或裸装形式进口，无法提供有效的原产地证明且经查验无法确定原产地的货物，适用普通税率。因此，该类货物普通税率适用的范围相对较窄。

（三）协定税率比最惠国的税率低吗

根据 WTO 有关规定：对于几个缔结成区域性经济集团的国家（或地区）相互给予的优惠待遇可以作为最惠国待遇的例外，非该集团的成员不能要求享受该优惠待遇。

协定税率适用于与我国签订含有关税优惠条款的区域性贸易协定的国家或地区的进口货物，比如中国—东盟自贸区协议、海峡两岸经济合作框架协议（ECFA）等，协定税率一般都低于最惠国税率。

参考文献

［1］中国注册会计师协会:《注册会计师2020—2020年注册会计师全国统一考试辅导教材税法》,中国财政经济出版社2020年版。

［2］杨永义:《最新税法解析与实务》,经济科学出版社2019年版。

［3］翟继光编著:《中华人民共和国增值税暂行条例释义》,立信会计出版社2018年版。

［4］刘霞:《消费税实务政策解析与操作指南》,立信会计出版社2018年版。

［5］马谦:《纳税实务》,北京电子工业出版社2020年版。

［6］中国法制出版社编:《中华人民共和国资源税法》,中国法制出版社2019年版。

［7］中国法制出版社:《中华人民共和国耕地占用税法 中华人民共和国车辆购置税法》,中国法制出版社2019年版。

［8］法规应用研究中心:《中华人民共和国税法一本通》(第七版),法

律出版社2019年版。

[9]法律出版社法规中心:《中华人民共和国个人所得税法注释本》,法律出版社2019年版。

[10]中国法制出版社:《中华人民共和国城市维护建设税法 中华人民共和国契税法》,中国法制出版社2020年版。